大切な人がきっと喜ぶ
もてなし&持ちよりレシピ

石黒裕紀
八木佳奈
瀬戸口しおり
小堀紀代美

成美堂出版

contents

6 　ホームパーティーを
　　 はじめましょう
　　　［もてなし編］
8 　［持ちより編］

COOKED by

小堀紀代美
瀬戸口しおり
八木佳奈
石黒裕紀

PART.1

友人、家族、特別な人と
絶対喜ばれる もてなし料理

10 　THEME_01
ワインを楽しむ おもてなし

12 　ドフィノアの粒マスタード風味、
　　 サーモンのハーブパン粉焼きのせ
13 　たこときゅうりのサラダ
　　 花椒の香味オイルがけ
13 　りんごとチーズのサラダ
14 　オイルサーディンとナッツの
　　 ショートパスタ
15 　**Arrange recipe**
　　 ドフィノアのオープンサンド

16 　THEME_02
野菜たっぷりの ヘルシーランチ

18 　レンズ豆のカレー
18 　チャパタ
19 　カリフラワーとじゃがいものサブジ
19 　ピーマンとパプリカのヨーグルト和え
20 　なすのピリ辛ソテー
20 　果物のマリネ
20 　ソルティーラッシー
21 　**Arrange recipe**
　　 カレーポタージュ

22 THEME_03

ボリューム満点、
大人のBBQ

24 ラム肉と野菜のカバブ

25 クレソンと押し麦のサラダ

25 大豆のフムス

26 ミックスナッツとレーズンのチャーハン

26 桃のデザートポタージュ

27 **Arrange recipe**
ラム肉とクレソンのチャーハン

28 THEME_04

ベトナム風鍋で
おもてなし

30 ベトナム風しゃぶしゃぶ

31 えびワンタン

31 ニョクチャム（ベトナム風なます）

32 きゅうりと冬瓜、ミントのサラダ

32 やわらか杏仁豆腐

33 **Arrange recipe**
揚げワンタン

34 THEME_05

子どもと一緒に楽しむ
おもてなし

36 コブサラダ

36 にんじんピラフのおにぎり

37 鶏のフリカッセ

37 きのこのマリネ

38 辛口ジンジャーエール（大人用）

38 サングリア風フルーツカクテル

39 **Arrange recipe**
きのこのペペロンチーノ

40 THEME_06

ほっとする和食で
おもてなし

42 焼きとうもろこしと
クレソンの炊き込みごはん

42 水菜のサラダ

43 れんこんつくね

43 鶏ごぼうのから揚げ

43 さつまいもスティック

44 梅トマトだれの和風カルパッチョ

44 抹茶豆乳プリン

45 **Arrange recipe**
黒酢鶏

46 THEME_07

ホットプレートで
セルフ型のおもてなし

48 ファヒータ

48 フラワートルティーヤ

49 サルサソース

49 焼きパイン

49 ワカモレ

50 たことじゃがいものサラダ

50 きゅうりとセロリのディルサラダ

51 **Arrange recipe**
タコサラダ

52 THEME_08

21時からのおもてなし

54 牛肉のロースト

54 ドライいちじくのバターサンド

55 ペコロスのバルサミコ焼き

55 クレソンとマッシュルームのサラダ

56 カラフルトマトのカプレーゼ

56 バニラアイス いちごのシロップ添え

57 **Arrange recipe**
牛肉とペコロスのホットサンド

PART.2

味も見た目も主役級
絶対ほめられる持ちより料理

◎ 前日から仕込んでおく　肉料理

- 60　豚肉と果物のポットロースト
- 61　中近東風肉団子
- 62　牛肉のグラーシュ
- 63　鶏むね肉のエスニックから揚げ

◎ お酒がすすむ　魚料理

- 64　白身魚のリエット　ゆずこしょう風味
- 65　ベトナム風さんまのオイル漬け
- 66　サーモンのパイ包み焼き
- 67　セビーチェ

◎ 持っていく間においしくなる　マリネ

- 68　自家製ドライトマトのショートパスタ
- 69　焼き野菜のマリネ
- 70　あじの和風マリネ
- 71　緑とピンクのマリネ

◎ 急なお呼ばれでも大丈夫　時短料理

- 72　えびとじゃがいものフリッタータ
- 73　枝豆とにんにく、唐辛子炒め
- 74　タプナードのうず巻きパイ
- 75　鶏むね肉となすのレンジ蒸し

◎ 焼くだけでごちそう　オーブン料理

- 76　ベーコンと長ねぎのキッシュ
- 77　なすのムサカ
- 78　タンドリーチキン
- 79　カリフラワーと
　　　ブラックオリーブのケークサレ

◎ 一品あるとうれしい　ごはんもの

- 80　タイ風ひき肉サラダごはん
- 81　塩豚と里いも、ミニトマトの炊き込みごはん
- 82　いかワタパエリア
- 83　3種のカラフルロール

◎ 簡単なのに華やか　パンメニュー

- 84　ステーキサンドとフルーツサンド
- 85　パングラタン
- 86　タルティーヌ2種
- 87　シュリンプトースト

◎ ぱくっとつまめる　フィンガーフード

- 88　ゆで卵といんげん豆のフィンガーフード
- 89　たらのコロッケ
- 90　スティックバナナもち＆スティックガパオ
- 91　香り野菜のピンチョス2種

◎ たくさん食べてもヘルシー　野菜が主役の料理

- 92　トマトとゆで鶏のサラダ
- 93　チャプチェ
- 94　長ねぎのレモン蒸し
- 95　にんじんのポタージュ

◎ 持ち運び簡単　保存容器で作るスイーツ

- 96　ベイクドチーズケーキ
- 97　ゆるゆる寒天
- 98　ブルーベリーとヨーグルトクリームの
　　　スコップケーキ
- 99　グレープフルーツのクラフティ

◎ 残った分はおみやげに　ベイクスイーツ

- 100　紅茶のマドレーヌ
- 101　スパイスブラウニー
- 102　ココナッツのスノーボール
- 103　りんごとブルーチーズのマフィン

PART.3

四季の移り変わりを楽しむ

特別な日の
もてなし料理

106	【お正月】
108	お煮しめ／茶碗蒸し
109	松前漬け／黒豆／田作り
110	【桃の節句】
112	ちらし寿司／八幡巻き
113	菜の花とスティックセニョールのおひたし／
	はまぐりのお吸い物／いちごムース
114	【端午の節句】
116	中華ちまき／柏もち
117	たけのこのオイスター肉巻き／
	こいのぼり野菜スティック／ぶりカツ
118	【行楽弁当】
120	モザイクお重ごはん／黒糖コーヒーゼリー
121	豚肉のカラフルロール／
	れんこんのゆずこしょうきんぴら
	里いものおかき揚げ／かぼちゃとくるみの茶巾
122	【クリスマス】
124	鶏もも肉のハーブバター焼き／
	マッシュルームのグリーンサラダ
125	ミネストローネ／ロールケーキ

COLUMN

58	今日を"幸せな日"に変える小さなおもてなし
104	スマートに料理を持参して、持ちより上手に

本書のルール

- 料理の分量はそれぞれの材料表に（4人分）（12個分）などと表記されていますので、目安にしてください。
- 計量単位は小さじ1=5mℓ、大さじ1=15mℓ、1カップ=200mℓ、米1合=180gです。
- 野菜は特に指定がない場合、洗う、皮をむく、へたを取るなどの作業は済ませてからの手順を説明しています。
- 火加減は特に指定のない場合は中火です。
- 電子レンジの加熱時間は600Wの場合のものです。500Wの場合は1.2倍にしてください。機種によって加熱時間に多少の差がありますので様子をみて加減してください。
- 「室温にもどす」の場合は約20℃を目安にしてください。
- バターは特に指定のない場合は有塩タイプを使用しています。

ホームパーティーをはじめましょう

ホームパーティーの開催が決まったら知っておきたいこと、準備しておきたいことを、もてなし編、持ちより編に分けてご紹介します。ホームパーティー上手になれることうけあいです。

もてなし編

自宅に人を招くことが決まったら、ゲストの気持ちに寄り添って準備をはじめましょう。

1）TPOに合わせて食卓のテーマを決める

どんなメンバーが集まる？ 時間は？ 何の目的で？ ホームパーティーと一言でいっても、集まるメンバーや時間によって、用意する料理やテーブルウェアも大きく変わります。まずテーマを決めてから準備にとりかかるとスムーズです。

◎ 誰を招待する？ ▶▶ 友だち｜両親｜ママ友＆子ども
◎ いつ集まる？ ▶▶ ランチ｜ディナー｜夜遅く
◎ なぜ集まる？雰囲気は？ ▶▶ 記念日｜にぎやかに｜落ち着いて

友だち と ディナー に カジュアル なパーティー	両親 と ディナー に お祝い の会	友だち と 夜遅く に おしゃべり を楽しむ会

ワインを片手におしゃべりを楽しみたいなら	**家族を集めて両親の誕生日会をするなら**	**仕事終わりに急に友だちが集まることになったら**
時間を気にせずおしゃべりを楽しみたいなら、時間がたってもおいしい料理を中心にメニューを構成。➡ P.10	両親が喜びそうな和食をテーマに。落ち着いたお祝いの食卓には、縁起がよい鯛の刺身を使った一品を。➡ P.40	シンプルなテーブルウェアで清潔にまとめた食卓に、トータル30分で作れる料理を並べてにぎやかにお出迎え。➡ P.52

2）料理を準備する

テーマが決まったら、それに合った料理を考えましょう。主菜1品、副菜2品、デザート1品を軸にして、人数に応じて品数を調整します。すべて当日に用意をするのは大変なので、作り置きできるマリネや、時間をおくとおいしくなる煮込み料理などを入れておきましょう。

◎ この4皿＋αが理想

主菜 × 1
肉、魚を使って食べごたえのあるものを。大皿に盛って食卓の中心におきます。

副菜 × 2
色鮮やかな食材を使って、主菜の口直しになるものを。味にバリエーションがあると◎。

デザート × 1
料理のバランスを見て、口直しになるようなデザートやドリンクを用意します。

3）ゲストを待たせないとりあえずの一品を

ゲストが全員そろわないときや料理を準備している間、手軽なおつまみや飲み物があると喜ばれます。つまみはチーズや生ハムなど市販のものでOK。カッティングボードに並べると見栄えがよくなります。

お酒が飲めない方や、子どもがいる日は市販のジュースにひと手間加えたサングリアなどを準備しておきましょう

5〜10分でさっと作れるメニューには、QUICKマークをつけています。メニュー選びの参考にしてください。

手間がかからないとりあえずのおつまみに、ドライフルーツは大活躍。ワインとも好相性です

4）テーブルコーディネートで食卓を演出

料理が決まったらゲストやテーマに寄り添ったテーブルコーディネートを組みましょう。テーマカラーを決めて統一感を出したり、料理が生まれた土地のアイテムを合わせたり……。コーディネートからもおもてなしの心は伝わります。

インド料理に旅先で出会った皿やクロスを合わせて、まるで現地を旅しているかのような雰囲気に。➡ P.16

テーマごとに、テーブルコーディネートのアイディアを詳しく紹介しています。演出の参考にしてください。

5）特別な日のおもてなし

季節の節目や特別な日は、普段より少しだけ手間をかけたおもてなしを。季節の食材を使った料理や、豪華な肉料理などのごちそうを食卓に並べます。コーディネートもシックにまとめて、格調高い食卓に。

◎ お正月

おせち料理をワンプレートに美しくのせて新鮮な印象に。メイン料理はたっぷり作って大皿に盛り付けます。➡ P.106

◎ クリスマス

オーブンで焼き上げたボリューム満点の鶏肉をメインに。クラシックな皿に盛り付けて素敵な夜を演出します。➡ P.122

持ちより編

自慢の料理を持ちよって、持ちより先のホストはもちろん、メンバー全員が楽しめる会に。

1) 事前にメニューの相談をしましょう

参加するメンバー同士で事前に連絡を取り合って、持ちよる料理が重複しないようにしましょう。主菜、副菜、デザートがまんべんなくそろうのが理想です。主食も喜ばれます。

CHECK!

集まるのはどんなメンバー？

まず人数の確認を。子どもや年配の方がいるなら、食べられないものがないか配慮することも大切です。

キッチンは使える？

キッチンが使えるなら温め直しが可能に。大勢集まるなら、紙皿などを持参すると親切です。

オーブンを借りられるなら、焼く直前の状態で持参して着いてから焼き上げても

2) みんなに喜ばれる持ちよりレシピ

❶ 冷めてもおいしい

自家製トマトのショートパスタ →P.68

緑とピンクのマリネ →P.71

持ち運ぶ時間を考えると、時間がたつほどおいしくなる料理がおすすめ。マリネは前日に作っておけるので、当日慌てることもありません。

❷ 味にバリエーションがある

鶏むね肉のエスニックから揚げ →P.63

トマトのゆで鶏サラダ →P.92

たれやドレッシングを数種類用意して、味に変化をつけてあげると一度食べた料理も新鮮な味わいになり、メンバーに喜ばれます。

❸ 取り分けやすい

シュリンプトースト →P.87

タイ風ひき肉サラダ →P.80

事前に取り分けられてあるものや取り分けが簡単なものは、ホストの手をわずらわせず、ホームパーティーをスムーズにはじめられます。

❹ お土産にできる

紅茶のマドレーヌ →P.100

スパイスブラウニー →P.101

日持ちするデザートは多めに持参して、あまったらおみやげに。袋に入れて渡せば「また集まろうね」の気持ちが伝わります。

3) 持ち運び方にも気を配って

汁もれや、形くずれが気になるものは密閉容器に。煮込み料理は鍋ごとそのまま、薬味は別容器に……など、各料理に向いた持ち運び方法で持参しましょう。手軽に処分できる使い捨て容器も重宝します。

料理と一緒にチーズおろしも持参。食べる直前にすりおろすと臨場感が出て盛り上がります

薬味は別の容器に入れて食べる直前に添え、フレッシュな香りと食感を楽しみます

HOW TO CARRY

PART2では、それぞれの料理に合う持ち運び方法を紹介しています。参考にしてください。

PART.1

友人、家族、特別な人と
絶対喜ばれる
もてなし料理

大切なゲストだからこそ、とっておきの料理で迎えたいもの。
おしゃべりを楽しむランチ会や、うれしいお祝いの会……。
どんなシチュエーションでも喜んでもらえる
個性豊かな料理とテーブルコーディネートを紹介します。

SITUATION

りんごとチーズのサラダ

オイルサーディンと
ナッツのショートパスタ

THEME Wine

小堀紀代美さん

[友だちと] [ディナー] [カジュアル]

THEME_01

ワインを楽しむおもてなし

香り豊かなハーブや花椒、コクたっぷりのチーズ。ワインがすすむ食材をふんだんに使い、
おしゃべりがつきない食卓に。くつろいでもらえるよう、冷めてもおいしい料理を。

ドフィノアの粒マスタード風味、
サーモンのハーブパン粉焼きのせ

たことうゅりのサラダ
花椒の香味オイルがけ

THEME
Wine

ドフィノアの粒マスタード風味、サーモンのハーブパン粉焼きのせ

ドフィノア（フランス風じゃがいものグラタン）に
ハーブ風味のパン粉をのせてカリカリッと香ばしく

【 材料 】 4人分

じゃがいも（メークイン）… 3個
サーモンの切り身 … 2切れ
マッシュルーム … 15個
玉ねぎ … 1/6個
A　パン粉 … 1/2カップ
　　パセリ（みじん切り）… 大さじ1
　　パルメザンチーズ … 20g
にんにく … 1/2片
B　牛乳、生クリーム … 各200ml
　　ローリエ … 1枚
　　塩 … 小さじ1/2
ナツメグ … 少々
粒マスタード … 大さじ2
オリーブオイル … 少々
バター … 20g

【 作り方 】

1　じゃがいもは5mm厚さの薄切りにする（水にさらさない）。サーモンは半分に切って皮にオリーブオイルを塗る。マッシュルームは石づきを落として縦3等分に切る。玉ねぎはみじん切りにする。ボウルにAの材料を合わせる。耐熱皿に、にんにくの切り口をこすりつけて香りをつける。

2　鍋にバターを入れて弱めの中火で熱し、バターが溶けたら玉ねぎを入れ、塩少々（分量外）をふって炒める。玉ねぎが透き通ったら、じゃがいもを加えてさっと炒め、Bを加えて約10分煮る。

3　マッシュルーム、ナツメグ、粒マスタードを加えてさっと混ぜ、耐熱皿に入れる。その上に1のサーモンをのせ、混ぜたAをかけ、200℃のオーブンで15〜20分焼く。

【材料】4人分

ゆでだこ(足の部分) … 150g
きゅうり … 2本
レモンの皮、セロリの葉 … 各適量
A りんご酢(または米酢) … 大さじ1
　紫玉ねぎ(みじん切り) … 大さじ1
　オリーブオイル … 大さじ1と1/2
　塩 … 小さじ1/4

香味油
　オリーブオイル … 大さじ1と1/2
　にんにく(みじん切り) … 1/2片分
　花椒 … 小さじ1

【作り方】

1. たこは5mm厚さの薄切りにする。きゅうりは皮をピーラーで縞目にむいて縦半分に切り、スプーンなどで種を取り除いて小さめの乱切りにする。

2. 鍋にたっぷりの水とレモンの皮を入れて火にかけ、沸いたら**1**のたこをさっと湯通しする。ざるに上げ、水けをペーパータオルで拭き取る。ボウルに入れて、きゅうり、セロリ、**A**を加え、混ぜ、器に盛る。

3. 香味油を作る。花椒は粗くつぶして香味油の材料とともにフライパンに入れ、弱火にかける。香りが立ってにんにくが色づいたら熱いうちに**2**にかける。

QUICK! 10 min

たことうきゅりのサラダ
花椒の香味オイルがけ

あとをひく花椒の刺激的な香り
きゅうりは種を取ると味がぼやけません

THEME　Wine

りんごとチーズのサラダ

りんごの甘み、チーズのコク、唐辛子の辛みが
合わさっていつもの食材が新鮮な味に

【材料】4人分

りんご … 1個
セロリ … 15cm
ラディッシュ … 5個
パルメザンチーズ … 適量
A 赤唐辛子(小口切り) … 1本
　はちみつ … 大さじ2
　レモン汁、オリーブオイル
　　… 各大さじ1と1/2
　塩 … 小さじ1/2

【作り方】

1. りんごは皮のまま一口大に切り、セロリは1cmの角切りにする。ラディッシュは茎を切り落とし、薄切りにする。パルメザンチーズは薄く削る。

2. ボウルに**A**を入れてよく混ぜ、りんご、セロリ、ラディッシュを加えて混ぜる。10分以上おいて味をなじませる。

3. 器に盛り、パルメザンチーズをのせる。

オイルサーディンと
ナッツのショートパスタ

オイルサーディンの旨味を
麺にからませたシチリア風
のびにくいショートパスタがおすすめ

【材料】 4人分

好みのショートパスタ
　（今回はフジッリを使用）… 200g
オイルサーディン … 1缶(正味75g)
ミックスナッツ(無塩) … 30g
赤唐辛子 … 1本
ディル … 1パック
にんにく(みじん切り) … 1片分
干しぶどう … 大さじ2
ケーパー … 大さじ1
塩 … 適量
※水1ℓに対して塩小さじ1強
黒こしょう … 少々
オリーブオイル … 適量

【作り方】

1　オイルサーディンは油をきる。ミックスナッツはからいりして粗みじん切りにする。赤唐辛子は半分に切って種を除く。ディルは葉を摘んで1.5cm長さに切り、仕上げ用に分けておく。

2　鍋にたっぷりの湯を沸かして塩を加え、パスタを袋の表示より約3分短くゆでる。ゆで汁は捨てずにとっておく。

3　フライパンにオリーブオイル、赤唐辛子、にんにくを入れて弱火にかける。香りが立ったら干しぶどうを加えてさっと炒め、オイルサーディンを加えてへらで押さえながら焼きつける。

4　3に2のパスタ、ケーパー、パスタのゆで汁50mℓ、オリーブオイル大さじ1(分量外)を加えて混ぜる。水分が少なくなってきたら、ゆで汁を少しずつ足して、パスタがちょうどよいかたさになるまで煮からめるように加熱する。

5　パスタに火が通ったら味をみて、足りなければ塩少々(分量外)でととのえ、ディルを加えて混ぜる。器に盛り、ナッツと仕上げ用のディルをのせる。黒こしょうをふる。

ドフィノアをアレンジ

Arrange recipe

ドフィノアのオープンサンド

粒マスタードの風味が食欲を刺激する
パーティーの翌朝に食べたい一品

【 材料 】1人分

食パン … 1枚
ドフィノア(P.12)… 適量
卵 … 1個
オリーブオイル … 適量
黒こしょう … 適量

【 作り方 】

1 食パンにドフィノアをのせてトースターで4〜5分焼く。

2 フライパンにオリーブオイルを熱し、卵を割り入れ、白身の縁がカリッとするまで焼く。

3 1に2をのせ、黒こしょうをふる。

TABLE COORDINATE

お気に入りの器を自由に組み合わせ、おもてなしの気持ちを表して

食卓の印象を大きく左右する、器の選び方。豪華なディナーセットをそろえなくても、簡単なコツでぐっと華やかに見せられます。

POINT (1)

異なる柄を大胆に合わせる

シックな花柄の器と、シャープなストライプ柄の器。異なる雰囲気の器を組み合わせることで、食卓に動きが出て、センスよくまとまります。普段使いには少し派手かも?と思うくらいでOK。冒険を楽しんで。

POINT (2)

取り皿はあえてそろえない

取り皿も、「すべて同じものをそろえなければ」という固定観念は捨てて、あえて別々の器を使ってみて。気の置けない友人同士の集まりなら、こんなラフな雰囲気がぴったり。色や模様に統一感を持たせると◯。

POINT (3)

食材の色を差し色に

その日の料理に含まれるりんごやたこなどの色鮮やかな食材をテーブルコーディネートの差し色に。クロスやお皿にもその食材の色をさりげなくしのばせておくと、統一感がでて上手にまとまります。

ソルティーラッシー

なすのピリ辛ソテー

ピーマンとパプリカの
ヨーグルト和え

カリフラワーと
じゃがいものサブジ

友だちと　ランチ　暑い日に

THEME_02
野菜たっぷりのヘルシーランチ

ランチタイムに集まるなら、胃にもたれない野菜料理がおすすめです。
豆をふんだんに使ったベジカレーを主役に、スパイシーなインド風の副菜を合わせて。

果物のマリネ

レンズ豆のカレー

THEME
Healthy lunch

チャパタ

レンズ豆のカレー

肉を使わずにシンプルに仕上げて
ごはんにかけてもおいしい

【 材料 】 4人分

レンズ豆(乾燥)…1と1/2カップ
玉ねぎ … 小1個
トマト … 大1個
香菜 … 適量
にんにく(みじん切り)…1片分
A クミン、マスターシード、
　 コリアンダーシード
　　 … 各小さじ1
にんじん(すりおろし)… 大さじ3
カレー粉 … 小さじ2
しょうが(すりおろし)… 20g
B ガラムマサラ … 小さじ1と1/2
　 黒こしょう … 適量
植物油 … 大さじ1
塩 … 小さじ1

【 作り方 】

1 レンズ豆はよく洗い、鍋に800mlの水とともに入れて火にかける。沸いたら弱火にし、アクを除きながら、やわらかくなるまで煮る。

2 玉ねぎはみじん切りにし、トマトは皮を湯むきしてざく切りにする。香菜は、葉はざく切りにし、茎はみじん切りにする。根も残しておく。

3 別の鍋に油、Aを入れて弱火にかける。クミンから泡が出て香りが立ったら、香菜の茎を加えて塩少々(分量外)をふる。玉ねぎを加えて中火にし、玉ねぎがしんなりするまで炒める。さらに、にんじん、トマトを加えて炒め、トマトの水分が飛んだらカレー粉、塩を加える。

4 3に1をゆで汁ごと、香菜の根、しょうがを加えて10〜15分煮る。Bを加え、さらに2〜3分煮る。味をみて足りなければ塩(分量外)でととのえ、香菜の葉をのせる。

チャパタ　カレーをのせて召し上がれ

【 材料 】 4人分

強力粉 … 200g
全粒粉 … 50g
水 … 200ml
塩 … 小さじ1/2
オリーブオイル
　 … 少々

【 作り方 】

1 ボウルにすべての材料を入れて手でこねる。生地がまとまったらラップをして室温で30分寝かせる。

2 10〜12等分に分割し、麺棒で伸ばして厚さ約2mm、直径約15cmの円形にする。

3 フライパンを熱し、2の両面を焼き色がつくまで焼いてから、トングでつかんで直火(弱めの中火)でさっとあぶる。

カリフラワーと じゃがいものサブジ

弱火でじっくりと甘みを引き出したじゃがいもに
マスタードシードの辛みをプラス

【 材 料 】 4人分

カリフラワー … 1個
じゃがいも … 2個
にんにく(つぶす) … 1/2片分
A　クミン、マスタードシード … 各小さじ1
B　カレー粉 … 小さじ1/2
　　塩 … 小さじ1/3
　　ターメリック(あれば) … 小さじ1/4
オリーブオイル … 大さじ1
水 … 大さじ2

【 作 り 方 】

1　カリフラワーは小房に分ける。じゃがいもは大きめの一口大に切る。

2　鍋にオリーブオイル、にんにく、**A**を入れて弱火にかける。香りが立ったらカリフラワー、じゃがいもを加える。

3　油が全体に回ったら、**B**を加えてさっと混ぜ、水を加える。蓋をしてじゃがいもに火が通るまで弱火で10〜13分蒸し煮にする(途中で鍋底から大きく混ぜる)。

【 材 料 】 4人分

ピーマン … 1個
パプリカ(赤)(黄) … 各1個
ヨーグルトソース
　　ヨーグルト(無糖) … 100g
　　オリーブオイル … 大さじ1
　　塩 … 小さじ1/2
ミント、バジル … 各適量

【 作 り 方 】

1　ピーマンは縦4等分に切って種を除き、斜めにせん切りにする。パプリカは縦8等分にして種を除き、斜めにせん切りにする。

2　ボウルにヨーグルトソースの材料を入れ、よく混ぜる。**1**を加えて和え、器に盛ってミント、バジルを散らす。

ピーマンとパプリカの ヨーグルト和え

インドでは定番のヨーグルト味のおかず
カレーの辛みをやわらげてくれるのではし休めにも

QUICK! 10 min

THEME Healthy lunch

【材料】4人分

なす … 4個
赤唐辛子(種を取り除く) … 2本
A トマトピューレ … 100g
　ローリエ … 2枚
　塩 … 小さじ1/4
オリーブオイル … 大さじ2〜3

【作り方】

1　なすは大きめの一口大に切り、薄めの塩水（分量外）に浸してアクを抜く。ざるに上げ、ペーパータオルで水けを拭き取る。

2　フライパンにオリーブオイル、赤唐辛子を入れて弱火にかける。オイルが温まったら、なすを加えて中火で炒める。全体に油が回ったらAを加え、なすがやわらかくなるまで炒め煮にする。

なすのピリ辛ソテー

唐辛子の刺激がなすのとろりとした甘さを引き立てます。オイルはやや多めがポイント

果物のマリネ

甘酸っぱいマリネはカレーのトッピングにも好みの果物に替えてもおいしい

【材料】4人分

キウイ … 3個
パイナップル … 1/4個
A レモン汁、はちみつ
　　… 各大さじ1と1/2
　しょうが(すりおろし) … 1片分
ミント … 適量
ピンクペッパー(あれば) … 少々

【作り方】

1　キウイは厚めの輪切りにする。パイナップルは一口大に切る。

2　ボウルにAを入れて混ぜ、キウイ、パイナップルを加えて和える。器に盛り、ミントをのせ、好みでピンクペッパーを指でつぶしながらふる。

ソルティーラッシー

塩けがきいた大人味のラッシー
クミンの香りが鮮烈な印象

【材料】4人分

A ヨーグルト(無糖) … 200g
　水 … 100ml
　牛乳 … 大さじ2
　塩 … 小さじ1/2
クミンパウダー … 少々

【作り方】

ボウルにAを入れてなめらかになるまで混ぜ、冷蔵庫で冷やす。グラスに注ぎ、クミンパウダーをふる。

レンズ豆のカレーをアレンジ

Arrange recipe

カレーポタージュ

疲れた胃を癒やす、ほっとする味
バゲットや好みの具をプラスしても

【材料】 1人分

A レンズ豆のカレー(P.18) … 1カップ
　　生クリーム … 大さじ1〜2
　　水 … 100mℓ
パセリ(みじん切り) … 適量
ガラムマサラ(あれば) … 適宜
塩 … 適量

【作り方】

1 ミキサーに**A**を入れ、なめらかになるまで撹拌する。鍋に移して弱火にかけ、沸騰直前まで温めて、味をみて足りなければ塩でととのえる。

2 器に盛ってパセリを散らし、好みでガラムマサラをふる。

TABLE COORDINATE

異国情緒漂う器やスパイス使いで会話も盛り上がるカラフルな食卓に

「ヘルシーで体にやさしい」と人気のインド料理。おもてなし料理にするなら元気いっぱいの皿やクロスを合わせ、旅先のような雰囲気に。

POINT (1)

**元気が出る
ビタミンカラーの皿を**

ビタミンカラーの器はそれだけでコーディネートのアクセントに。渋い色味の料理が多く、食卓全体のトーンが沈んでしまいそうなときに重宝します。ペーパーナプキンを落ち着いた色にするとバランスが取れます。

POINT (2)

**スパイスで味わいを一新
見た目にも彩りを**

仕上げにスパイスをふることで、料理が新鮮な味わい&見た目に。黒こしょうをピンクペッパーに替えるだけでも華やか。「クミンやマスタードシードなど、トッピング用にいくつかそろえておくと便利です」

POINT (3)

**旅先で出合った味を
その土地の布や器とともに**

トルコ料理にはトルコの器、インド料理にはインドのクロス……と、料理が生まれた土地の小物を組み合わせるのが小堀さん流。「旅先で出合った味を、その場所の雰囲気ごと友人たちとシェアできたらうれしい」

ラム肉と野菜のカバブ

瀬戸口しおりさん

家族同士で　ディナー　お酒と一緒に

THEME_03

ボリューム満点、大人のBBQ

思わずかぶりつきたくなるような、迫力満点の串焼きが主役です。
ボリュームたっぷりのごはんものを添えれば、
食いしん坊の男性だって大満足。アウトドア気分でどうぞ。

クレソンと押し麦のサラダ

大豆のフムス

桃のデザートポタージュ

ミックスナッツと
レーズンのチャーハン

ラム肉と野菜のカバブ

ヨーグルトに漬け込んだ肉はとってもジューシー
スパイシーなアヒソースをからめていただきます

【 材料 】4人分

ラムもも肉(焼肉用)…800g
A プレーンヨーグルト(無糖)
　　…200g
　にんにく(すりおろし)
　　…1～2片分
　オリーブオイル…大さじ2
　塩…小さじ1
　クミンパウダー…小さじ1/2
　黒こしょう…適量
玉ねぎ…1個
パプリカ…1個
ズッキーニ…1/2本

アヒソース
　クリームチーズ…200g
　にんにく…1片
　酢…大さじ2
　ターメリック…小さじ1/2
　塩…小さじ1/2
レモン…1個

【 作り方 】

1　ボウルにAを入れてよく混ぜる。ラム肉を加えてもみ込み、冷蔵庫に3時間以上おく。

2　玉ねぎ、パプリカはくし形切りにする。ズッキーニは厚さ1cmの半月切りにする。金串にラム、野菜を交互に刺す。

3　天板にオーブンシートをしいて2をのせ、200℃のオーブンで約20分焼く。※金串がない場合はオーブンシートにのせて同様に焼く。

4　アヒソースを作る。ミキサーにアヒソースの材料を入れ、なめらかになるまで撹拌する。

5　皿にアヒソースをしいて3を盛り、レモンを半分に切って添える。

クレソンと押し麦のサラダ

押し麦のぷちっとした食感が楽しいサラダ
クレソンの苦みとにんじんの甘みが絶妙です

【材料】4人分

クレソン … 3束
押し麦(乾) … 45g
塩 … 小さじ1/3
にんじんドレッシング（作りやすい分量）
├ にんじん … 1/2本
├ りんご … 1/4個
├ 玉ねぎ … 小1/4個
├ にんにく … 小1片
├ 卵黄 … 1個分
├ すり白ごま … 大さじ1
├ アンチョビーフィレ … 1枚
├ サラダ油 … 100mℓ
├ しょうゆ … 大さじ2
└ 塩 … 少々

【作り方】

1 鍋に湯を沸かして塩を加え、押し麦を約8分ゆでる。ざるに上げて流水でさっと洗い、水けをきる。クレソンは3〜4cm長さに切る。ボウルに押し麦、クレソンを入れて和え、器に盛る。

2 にんじんドレッシングを作る。にんじん、りんご、玉ねぎはすべてざく切りにする。ミキサーにドレッシングの材料を入れ、なめらかになるまで撹拌する。

3 1に2を適量かけていただく。

大豆のフムス

豆の旨味がいきたペースト。ラム肉につけたり、サラダに合わせたり、味わい方いろいろ

【作り方】

1 ボウルに洗った大豆とたっぷりの水を入れて一晩おき、もどす。

2 1をざるに上げ、鍋にたっぷりの水とともに入れて火にかける。沸いたら弱火にしてアクを除き、指でつぶれるくらいまで約1時間ゆでる。

3 フードプロセッサーに2、大豆のゆで汁大さじ1〜2、Aを入れてなめらかになるまで撹拌する(なめらかにならない場合はゆで汁を足して調整する。フードプロセッサーがなければ、すり鉢に入れてすりこぎですり)。黒こしょうを加えて混ぜる。

4 器に盛って中央をくぼませる。オリーブオイルを回しかけ、パプリカパウダーをふる。

【材料】4人分

大豆(乾) … 100g
A にんにく(すりおろし) … 1/2片分
├ 練り白ごま、レモン汁 … 各大さじ1
└ 塩 … 小さじ2/3
黒こしょう … 少々
オリーブ油 … 大さじ2
パプリカパウダー … 少々

ミックスナッツとレーズンのチャーハン

定番メニューをレーズンでよそゆきの味に
ローズマリーの香りがさわやかです

【材料】4人分

温かいごはん … 600g
A ミックスナッツ … 1袋
　　レーズン … 大さじ3
　　ローズマリーの葉 … 1枝分
クミンパウダー … 小さじ1/3
にんにく(薄切り) … 1片分
オリーブオイル … 大さじ3
塩 … 小さじ2/3

【作り方】

1　ボウルに**A**を入れて混ぜる。

2　フライパンににんにく、オリーブオイルを入れて弱火にかける。香りが立ったらごはんを加えて炒める。全体に油が回ったら塩をふり、さらに炒める。ごはんがパラッとしたら**1**を加えてさっと炒める。

桃のデザートポタージュ

材料を混ぜるだけで作れる
桃の代わりにいちごやキウイで作っても

【材料】4人分

桃 … 2個
A 牛乳 … 100mℓ
　　プレーンヨーグルト(無糖) … 大さじ2
　　はちみつ … 大さじ1/2

【作り方】

1　桃は洗って冷凍庫で2〜3時間冷やす。

2　桃を皮ごと大きめに切り、種を除いてミキサーに入れる。**A**を加えてなめらかになるまで撹拌する。

カバブとサラダと
チャーハンをアレンジ

Arrange recipe

ラム肉とクレソンのチャーハン

相性のよいおかず同士だからできる
クミンの香りで食欲増進

【 材 料 】1人分

ラム肉と野菜のカバブのラム肉(P.24) … 適量
クレソンと押し麦のサラダ(P.25) … 適量
ミックスナッツとレーズンのチャーハン(P.26) … 適量

【 作り方 】

フライパンですべての材料を炒め合わせる。
温まったらできあがり。

TABLE COORDINATE

主役の肉料理をソースで引き立てて。
豪快な盛り付けで見た目にも満足感を

みんな大好きな肉料理やごはんもの。色合いが
地味にならないよう、華やかに盛り付けて。
大皿を大胆に使い、うれしい気分を盛り上げます。

POINT(1)

**ソースもテーブル
コーディネートのひとつ**

食卓の「主役」を決めるとコーディネートしやすくなります。今回はダイナミックな串焼きを主役に。黄色が鮮やかなアヒソースを、あえて皿いっぱいにしき、シックな色のクロスと対比させて引き立てます。

POINT(2)

**金串を使って家でも
アウトドア気分**

シンプルなオーブン焼きも、目先を変えて串焼きにすればちょっとしたアウトドア気分を楽しめます。野菜やきのこなど、他にもいろいろ焼いて、「おうちBBQ」を楽しんでも。肉は大きめに切るとよりごちそう感がアップ。

POINT(3)

**盛り付けに迷ったら
大皿を使って**

おもてなし用に持っておきたい大皿。それだけで存在感があるので、ラフに盛り付けても様になります。シンプルなもの、模様のあるものと何種類かあると便利。瀬戸口さんは重厚な質感のものを愛用中。

やわらか杏仁豆腐

ニョクチャム（ベトナム風なます）

きゅうりと冬瓜、ミントのサラダ

大人数で　ランチorディナー　にぎやかに

THEME_04

ベトナム風鍋でおもてなし

準備が簡単な鍋料理は、集まる人数が直前までわからないときや急な来客に重宝します。
ハーブが香るベトナム風しゃぶしゃぶなら季節を問わずに楽しめます。

えびワンタン

ベトナム風しゃぶしゃぶ

THEME Asian

ベトナム風しゃぶしゃぶ

香味野菜で香りづけした湯でさっぱりと
好みの野菜を加えてアレンジしても

【 材料 】4人分

牛肉(しゃぶしゃぶ用)…400g
豚肉(しゃぶしゃぶ用)…400g
レモングラス…2本
※なければ香菜の根を使う
バイマクルート(あれば)
　…4〜5枚
もやし…1袋(約250g)
レタス…1個
青梗菜…2株

大根…1/2本
まいたけ(あれば白まいたけ)
　…1〜2パック
香菜…3束
A 練り白ごま…80g
　ナンプラー…大さじ2〜3
B レモン汁…1個分
　青唐辛子(小口切り)…1〜2本
　ナンプラー…大さじ2

【 作り方 】

1　鍋にたっぷりの水、レモングラス、バイマクルートを入れておく。

2　もやしは、ひげ根を除く。レタスは食べやすい大きさにちぎる。青梗菜は、葉はざく切りにし、茎は7mm幅の細切りにする。大根はピーラーでリボン状にする。まいたけは手でほぐす。香菜は葉と茎をざく切りにする。

3　たれを作る。**A**と**B**をそれぞれ混ぜる。

4　鍋に火をかけて沸いたら火を弱め、野菜と肉をさっとくぐらせ、**3**のタレにつけながらいただく。

えびワンタン

肉を食べ終わったあとの〆として
えびは粗くたたいて食感を残します

【材料】4人分
ワンタンの皮 … 1袋(約30枚)
えび … 300g(約15〜20尾)
長ねぎ … 1/2本
香菜 … 1株
A 卵白 … 1個分
　片栗粉 … 大さじ1
　砂糖 … 小さじ1/2
　塩 … 小さじ1/3
　黒こしょう … 少々

【作り方】

1. えびは塩水(分量外)で洗い、殻をむいて背ワタをとる。包丁で粗くたたく。長ねぎ、香菜はみじん切りにする。

2. ボウルにAを入れてよく混ぜ、えびを加えて混ぜる。さらに長ねぎ、香菜を加えてさっと混ぜる。

3. ワンタンの皮の中央に2を適量のせて三角に折り、中央にひだを集めてギュッと成形する。

4. しゃぶしゃぶの鍋に入れ、浮き上がって火が通ったらいただく。好みで香菜の葉適量(分量外)を添える。

頂点をほんの少しずらして三角になるように折り、ひだを中央に一気に寄せる。

ニョクチャム(ベトナム風なます)

太めのせん切りにして食感をいかして
前日から作っておくと味がなじんで美味

【材料】4人分
大根 … 1/2本
にんじん … 1本
A ナンプラー … 80ml
　酢 … 250ml
　砂糖 … 大さじ1/2
　カイエンヌペッパー(あれば)
　　… 大さじ1/2〜1
　水 … 250ml
長ねぎ(青い部分含めて) … 1/2本
にんにく … 1片
しょうが … 1片
コチュジャン … 小さじ1/2
カピ(あれば) … 小さじ1/2
塩 … 大さじ1/2
ピーナッツ … 適宜

【作り方】

1. ステンレスの鍋(またはホーロー鍋)にAを入れて火にかける。煮立ったら火からおろして冷ます。

2. 長ねぎ、にんにく、しょうがは粗みじん切りにしてすり鉢に入れてつぶす。全体がつぶれてねっとりしてきたら、コチュジャン、カピを加えて混ぜ、1の鍋に加えて混ぜる。

3. 大根は皮ごと斜め薄切りにして2mm幅の細切りにする。にんじんは皮をむいて同様に切る。ボウルに大根、にんじんを入れて塩をふり、もみ込んでしばらくおく。水分が出てしんなりしたら水けをしぼって保存容器に入れ、1を注ぎ入れて一晩おく。

4. 器に盛り、好みで刻んだピーナッツをのせる。

きゅうりと冬瓜、ミントのサラダ

ナンプラーとミント、ふたつの香りを重ねて深みのある味に

【 材料 】 4人分

きゅうり … 1〜2本
冬瓜 … 1/8個
すだち(またはレモン) … 1個
ミント … 葉10枚
A すだち汁(またはレモン汁) … 大さじ1
　ナンプラー … 小さじ2
　オリーブオイル … 小さじ1
　酢 … 大さじ1/2
　砂糖 … 小さじ1/3
　青唐辛子(粗みじん切り) … 1本分
塩 … 小さじ1/2

THEME Asian

【 作り方 】

1　きゅうりは斜め薄切りにしてから3mm幅の細切りにする。冬瓜は種とワタを除いて3mm厚さのいちょう切りにする。すだちは2mm厚さの半月切りにする。

2　ボウルに、きゅうり、冬瓜を入れ、塩をふってもみ、しばらくおく。水分が出てしんなりしたら水けをしぼる。

3　ボウルにAを入れてよく混ぜ、2、すだち、ミントを加えて和える。

やわらか杏仁豆腐

つるんとなめらかな口当たり
杏のコンポートや桃をのせても

【 材料 】 4人分

粉ゼラチン … 5g
A 牛乳 … 500ml
　杏仁霜 … 大さじ2
　グラニュー糖 … 30g
水 … 大さじ2
マンゴージャム … 適量

【 作り方 】

1　ボウルに水を入れてゼラチンをふり入れ、しばらくおいてふやかす。

2　鍋にAを入れて弱めの中火にかける。へらで混ぜながら温め、沸騰直前で火を止める。1のゼラチンを加えてよく混ぜ、ゼラチンが溶けたら保存容器に流し入れる。

3　粗熱が取れたら冷蔵庫で2〜3時間冷やす。器に盛り、マンゴージャムをのせる。

えびワンタンをアレンジ

Arrange recipe

揚げワンタン

カラッと揚げてスナック感覚のおつまみに
ついついはしがとまらなくなる味

【 材料 】 1人分

えびワンタン(P.31) … 適量
揚げ油 … 適量

【 作り方 】

揚げ油を170℃に熱し、ワンタンをカラッと揚げる。

THEME Asian

TABLE COORDINATE

アジアン雑貨を効果的に使って
いつもの鍋料理をおもてなしの一品に

鍋といえば家庭料理の定番。手軽な鍋料理でおもてなしができたら便利ですよね。アジア風の小物で彩りをプラスしましょう。

POINT (1)

**ベトナムで定番の
白×赤の組み合わせに**

特別な日には、器だけでなくカトラリーも華やかなものを準備。ここではベトナム製の真っ赤なはしを、同じくベトナム雑貨の白いレースのクロスと合わせました。赤が鮮やかに映え、おめでたい会にもぴったり。

POINT (2)

**しゃぶしゃぶの食材は
竹ざるに**

しゃぶしゃぶの具材は種類ごとに竹ざるにのせ、食卓へ。さっと盛るだけで様になるうえ、水切れもよく便利。アジア雑貨店などで購入できますが、そばざるなど日本のざる・かごで代用しても雰囲気が出ます。

POINT (3)

**取り分け皿は
茶碗を活用**

取り皿に使っているのはベトナムで購入した茶碗。「ほどよいサイズで手になじみやすく、大活躍」と瀬戸口さん。いろいろな味を少しずつ楽しんでもらえるよう、取り皿は小ぶりなものを多めに用意して。

コブサラダ

きのこのマリネ

鶏のフリカッセ

辛口ジンジャーエール

にんじんピラフの
おにぎり

サングリア風
フルーツカクテル

八木佳奈 さん

| ママ友&子どもと | ランチ | 誕生日会 |

THEME_05

子どもと一緒に楽しむおもてなし

ママ友や子どもたちが大勢集まる日は、ママたちに少しでもリラックスしてもらうのが大切。
子どもが好きな食材を使って、大人も満足できる味付けに仕上げます。
取り分けやすいよう盛り付けに気を配りましょう。

コブサラダ

めいめいで好きな具材を取って、いただく
セルフ式サラダ。カラフルな具材で鮮やかに！

【 材料 】 6人分

- ブロックハム … 200g
- きゅうり … 2本
- パプリカ（黄）… 1個
- アボカド … 1個
- ミニトマト … 10個
- ブロッコリー … 1/2株
- ミックスビーンズ（水煮）… 100g
- レモン汁 … 小さじ1

オーロラドレッシング
- マヨネーズ … 大さじ4
- ケチャップ … 大さじ2
- レモン汁 … 小さじ1
- 塩、こしょう … 各適量

QUICK! 10 min

【 作り方 】

1. ハム、きゅうり、パプリカ、アボカドはすべて1.5cm角に切り、アボカドはレモン汁をまぶしておく。ミニトマトは縦半分に切り、ブロッコリーは小房に分けて塩ゆでする。

2. すべてを器に盛り、混ぜ合わせたドレッシングを添える。

にんじんピラフのおにぎり

バターとチーズで風味よく
食べやすい一口サイズににぎります

【 材料 】 作りやすい分量

- 米 … 2合
- にんじん … 小1本
- 塩 … 小さじ1
- バター … 10g
- パルメザンチーズ、セルフィーユ … 各適宜

【 作り方 】

1. 米は研いでざるに上げ、炊飯器の内がまに入れて2合の水加減で浸水させる。にんじんはすりおろす。

2. 1の内がまに塩を加えて軽く混ぜ、すりおろしたにんじん、バターを加えて炊く。

3. 炊き上がったら粗熱を取り、直径約5cmに丸める。好みでパルメザンチーズをすりおろしておにぎりにまぶし、半量にセルフィーユをのせる。

鶏のフリカッセ

パリッと香ばしく焼いた鶏肉に
濃厚なクリームソースをからませて

【 材料 】 6人分

鶏もも肉 … 3枚
玉ねぎ … 1/2個
セロリ … 1本
A 白ワイン、水 … 各50mℓ
　洋風コンソメスープの素（顆粒）
　　… 小さじ1/2
　塩 … 小さじ1/2
　タイム … 2〜3枝
生クリーム … 100mℓ
塩 … 小さじ1
こしょう … 適量
バター … 10g
粒マスタード … 適宜

皮目を下にして焼く。重しをのせて押しつけるようにして焼くと、より香ばしく焼ける

【 作り方 】

1 鶏肉は余分な脂を除いて半分に切り、塩、こしょうをふる。玉ねぎは薄切りにする。セロリは約5cmの長さに切り縦に薄切りする。

2 熱したフライパンに鶏肉の皮目を下にして入れる。重しをして皮がパリッとするまで7〜8分焼く。上下を返し、裏面はさっと焼く。

3 厚手の鍋にバターを熱し、玉ねぎ、セロリを入れて炒める。しんなりしたら2、Aを加える。煮立ったら蓋をして弱火にし、約10分煮る。生クリームを加え、とろりとするまで煮詰める。

4 器に盛り、大人は好みで粒マスタードを添える。

THEME　with Kids

きのこのマリネ

酸味を控えめにすると子どもにも食べやすい
冷やすと旨味が引き立ちます

【 材料 】 作りやすい分量

好みのきのこ（今回はしめじ、エリンギ、しいたけ、まいたけを使用）… 400g
にんにく（みじん切り）… 1片分
オリーブオイル … 大さじ1
白ワイン … 大さじ2
A しょうゆ … 大さじ1
　バルサミコ酢 … 大さじ1

【 作り方 】

1 きのこは石づきを切り落とし食べやすい大きさに切る。

2 フライパンににんにく、オリーブオイルを熱し、香りが立ってきたら1を加えてさっと炒め合わせる。白ワインを加えて蓋をし、弱火にして約5分蒸し煮する。

3 Aを加え、ときどき混ぜながら煮汁が半分以下になってとろりとするまで煮詰る。

辛口ジンジャーエール（大人用）

お酒が飲めないゲストにも喜ばれる
のどごしさわやかなドリンク

【 材料 】できあがり量180mℓ

しょうが … 80g
きび砂糖 … 100g
水 … 100mℓ
レモン汁 … 1個分（大さじ2）
炭酸水 … 適量

【 作り方 】

1 しょうがは汚れた部分をそいできれいに洗い、皮ごとすりおろす。

2 小鍋に**1**、きび砂糖、水を入れて火にかける。沸騰したら弱火にし、約10分煮る。火からおろしてレモン汁を加え、そのまま粗熱を取る。

3 **2**をざるなどで漉して、グラスに注ぎ、4～5倍量の炭酸水で割っていただく。

サングリア風フルーツカクテル

たっぷりフルーツを加えて
デザート代わりの1杯として

【 材料 】

オレンジ … 1個
りんご … 1/2個
はちみつ … 大さじ2
ぶどうジュース … 800mℓ

【 作り方 】

1 オレンジは皮をむき、1cm厚さのいちょう切りにする。りんごは皮と芯を除き、5mm厚さのいちょう切りにする。

2 **1**をカラフェなどに入れてはちみつを加えて混ぜ、約10分おく。はちみつが溶けたら、ぶどうジュースを注いで混ぜ、冷蔵庫で冷やす。

きのこのマリネをアレンジ

Arrange recipe

きのこのペペロンチーノ

唐辛子を加えてパンチの効いた味に

【 材 料 】 1人分

スパゲッティ … 80g
きのこのマリネ(P.37) … 100g
赤唐辛子 … 1本
にんにく(みじん切り) … 1/2片分
しょうゆ … 小さじ1
塩 … 適量
オリーブオイル … 大さじ1/2
イタリアンパセリ … 適宜

【 作り方 】

1 鍋にたっぷりの湯を沸かし、塩を加えてスパゲッティを袋の表示時間より約1分短くゆでる。ゆで汁は残しておく。赤唐辛子は半分にちぎって、種を取り除く。

2 フライパンににんにく、赤唐辛子、オリーブオイルを入れて弱火にかける。香りが立ったら中火にして、きのこのマリネ、**1**のゆで汁100mlを加えてよく混ぜる。ゆで上がったスパゲッティを加えてさらに混ぜながら汁けが少なくなるまで煮詰め、しょうゆを回し入れる。

3 器に盛り、好みで刻んだイタリアンパセリをふる。

THEME **with Kids**

TABLE COORDINATE

食べるのが楽しくなるような盛り付けでママも子どもも笑顔が絶えない食卓に

無理して子ども向けの料理や味付けにしなくても大丈夫。少しの工夫で、ママも子どももリラックスできる会になります。

POINT (1)

**食材別に盛り付けて
カップを使って食べやすく**

子どもたちには、小ぶりのカップを取り皿に。深みがあるのでこぼしづらいうえ、取り分けも簡単です。コブサラダのように食材別に盛り付けると、食べたいものだけを選べるので、好き嫌いのある子も安心。

POINT (2)

**子どもには割れにくく
持ち手のあるグラスを**

使ったあとそのまま捨てられる紙コップは来客時に便利ですが、軽くて倒れやすいのが難点。子どもが参加する席ではあえて重めの安定感があるグラスを用意して。持ち手があればより飲みやすくなります。

POINT (3)

**さっとつまんで
食べられるサイズに**

子どもは遊びながら食べたり、急に食べ飽きたりと、行動が読めないことも。好きなタイミングで食べられるように、さっとつまめるおにぎりがあると重宝します。取り分けも簡単なので、ママの負担も軽くなります。

抹茶豆乳プリン

焼きとうもろこしとクレソンの
炊き込みごはん

梅トマトだれの和風カルパッチョ

家族と　ディナー　お祝い

THEME_06

ほっとする和食でおもてなし

家族を招く日には、年代問わず愛される、
なじみのある食材や調味料を使った和食でおもてなしを。
家族の思い出話がいっそう盛り上がることうけあいです。

焼きとうもろこしと クレソンの 炊き込みごはん

甘く香ばしいとうもろこしに
ほろ苦いクレソンを合わせた大人の味

【材料】4人分

米 … 2合
とうもろこし … 1本
クレソン … 1束
しょうゆ … 小さじ2
塩 … 小さじ1/2
水 … 400ml

【作り方】

1 米は研いでざるに上げ、水とともに土鍋に入れて浸水させる。

2 とうもろこしは魚焼きグリルなどで全体を転がしながら焼く。焼き色がついたらスプーンなどでしょうゆを全体に塗り、冷めたら実を包丁でそぎ切る。クレソンは茎と葉に分け、茎は2cm長さに切り、葉はざく切りにする。

3 1に塩を加えてさっと混ぜ、2のとうもろこしの実をのせて炊く。炊き上がったら、クレソンを加えてさっと混ぜる。

【材料】4人分

水菜 … 3束
大葉 … 10枚
かぶ … 3個
A レモン汁 … 大さじ1/2
　塩 … 小さじ1/2
　オリーブオイル … 大さじ1
B すりごま、桜えび … 各適量

【作り方】

1 水菜は4cm長さに切る。大葉は食べやすい大きさにちぎる。かぶは葉を切り落として薄切りにする。

2 ボウルにかぶを入れ、Aを加えて和える。水菜、大葉を加えてさっと和え、器に盛る。Bをたっぷりと散らす。

QUICK! 10min

水菜のサラダ

あともう一品ほしいときに
さっと出せる手軽さがうれしい

れんこんつくね

辛みだれに卵黄をからめてより濃厚に
ゴーヤーで作ってもおいしい

【材料】12個分

鶏ひき肉 … 600g
れんこん … 100g
長ねぎ … 1/2本
A しょうが汁 … 大さじ1/2
　卵 … 1個
　薄力粉 … 大さじ1と1/2
　塩 … 小さじ1
B しょうゆ、酒、みりん
　　… 各大さじ2
　砂糖 … 大さじ1
卵黄 … 1個分
薄力粉 … 大さじ1
ごま油 … 少々
酒 … 大さじ1
万能ねぎ(小口切り) … 適量

【作り方】

1. れんこんは皮をむいて5mm厚さの輪切りにし、24枚分を切り出す。バットに広げ、両面に薄力粉を薄くまぶす。長ねぎはみじん切りにする。**B**は混ぜておく。

2. ボウルにひき肉、**1**の長ねぎ、**A**を入れて練り混ぜる。2/3量を分け、12等分にして丸くととのえ、**1**のれんこんではさむ(肉だねの残りの1/3量は鶏ごぼうのから揚げに使用する)。

3. フライパンにごま油を熱し、**2**を並べ入れる。焼き色がついたら裏返し、裏面を約1分焼いたら酒を加えて蓋をし、弱火で約5分蒸し焼きにする。

4. **B**を回し入れ、煮汁がとろりとするまで煮詰める。器に盛り、卵黄をのせ、万能ねぎを散らす。

鶏ごぼうのから揚げ

つくねの肉だねを使ったアレンジ料理
ごぼうの食感がクセになります

【材料】4人分

れんこんつくねの肉だね … 1/3量
ごぼう … 1本
薄力粉 … 大さじ1
A 薄力粉 … 大さじ3
　水 … 大さじ4
揚げ油 … 適量

【作り方】

1. ごぼうは包丁の背で皮をこそぎ、ピーラーで約5cm長さに薄くむく。バットなどに入れ、薄力粉をまぶす。

2. 別のバットなどに**A**を入れて混ぜる。肉だねを8等分してから、**1**のバットに入れて全体にごぼうを貼り付ける。

3. 鍋に揚げ油を中温(170℃)に熱し、**2**をきつね色になるまで揚げる。

さつまいもスティック

【材料と作り方】作りやすい分量

1. さつまいも1本は皮ごと長さ7〜8cmのスティック状に切り、揚げ鍋に入れる。揚げ油をひたひたになるまで注いで中火にかける。ときどき混ぜながらきつね色になるまで揚げる。

2. 皿に**1**を盛り、**A**(粉山椒小さじ1/2、塩小さじ1)、**B**(カレー粉小さじ1/2、塩小さじ1)をつけながらいただく。

梅トマトだれの和風カルパッチョ

梅の酸味とみょうがの香りをいかした
彩りも美しい和風カルパッチョ

QUICK!
5 min

【材料】4人分

白身魚の刺身（今回は鯛を使用）
　…300g
トマト…1個
みょうが…1個
A 梅干し…2個（正味約20g）
　みりん…大さじ1
　しょうゆ…小さじ1

【作り方】

1 トマトは1cm角に切る。みょうがは薄い小口切りにする。

2 ボウルに1のトマトを入れてAを加えて和える。Aの梅干しは種を除いてたたく。

3 刺身に2をかけ、みょうがを散らす。

THEME Family

抹茶豆乳プリン

下は濃厚、上はぷるんと軽やか
自然に2層に固まる和風プリン

【作り方】

1 ボウルにAの水を入れてゼラチンをふり入れ、しばらくおいてふやかす。

2 小鍋に抹茶を入れて湯大さじ1（分量外）で溶く。牛乳、砂糖を加えて混ぜ、中火にかける。砂糖が溶けたら火からおろし、1を加えて溶かす。

3 ボウルに移して、豆乳、生クリームを加えて混ぜる。器に等分に流し入れ、冷蔵庫で2時間以上冷やし固める。

4 ボウルにBを入れて六分立てにする。3にそれぞれのせ、ゆであずきを添える。

【材料】直径8×高さ4cmのカップ8個分

抹茶…小さじ2
豆乳…200ml
A 粉ゼラチン…10g
　水…大さじ4
牛乳…250ml
砂糖…60g
生クリーム…150ml
B 生クリーム…50ml
　砂糖…小さじ1
ゆであずき（市販）…大さじ4

44　Kana Yagi

さつまいもスティックをアレンジ

Arrange recipe
黒酢鶏

黒酢のコクがしっかりとからんだ
食べごたえのある一品

【 材 料 】 2人分

鶏もも肉 … 1枚(250g)
玉ねぎ … 1/2個(100g)
ピーマン … 2個
さつまいもスティック(P.43)
　… 10本
にんにく、しょうが
　(ともにみじん切り) … 各1片分
A ［ 水50mℓ　鶏ガラスープ
の素(顆粒)　小さじ1/2　黒酢
大さじ2　砂糖大さじ1と1/2
しょうゆ大さじ1 ］
B ［ 片栗粉小さじ1/2
水小さじ1 ］
塩、こしょう … 各適量
ごま油 … 大さじ1/2
酒 … 大さじ1

【 作り方 】

1. 鶏肉は余分な脂を除いて一口大に切り、塩、こしょうをふる。玉ねぎはくし形切りにし、ピーマンは乱切りにする。

2. フライパンにごま油、にんにく、しょうがを入れて熱し、香りが立ってきたら鶏肉を加えて炒める。肉の色が変わってきたら、玉ねぎとピーマンを加える。全体に油が回ったら酒を加えて蓋をし、弱火にする。5～6分蒸し焼きにする。

3. 2にさつまいもスティック、Aを加えて混ぜ、Bを加えてとろみをつける。

TABLE COORDINATE

染付の大皿や薬味使いで
和食に華やぎを添えましょう

ともすれば地味になりがちな和の料理は、
染付のお皿や、たっぷりの薬味でおもてなし仕様に。
和の小物も合わせて統一感を出して。

POINT (1)

**手ぬぐいを
アレンジしたおてふきを**

和の雰囲気に合わせて、ペーパーナプキンの代わりに和柄の手ぬぐいをぬらしておしぼりに。夏場は、ゲストが来る数時間前に、ポリ袋に入れて冷蔵庫で冷やしておくと、冷たくて気持ちがよく喜ばれます。

POINT (2)

**染付の大皿を
コーディネートの主役に**

地味になりがちな和食は、染付けの皿に盛り付けて、目を惹く料理に様変わりさせます。重厚感のある大皿だとより豪華な印象に。この大皿を中心にしてコーディネートを組むと、全体のバランスがよくなります。

POINT (3)

**熱々の土鍋ごと
食卓に運んで取り分けて**

ごはんは熱々の炊き立てを食べてもらうのがいちばん。ゲストのみんながそろってから、ベストのタイミングで炊き上がるよう準備を。食卓で取り分けて、味だけでなく香りも楽しんでもらいましょう。

フラワートルティーヤ

サルサソース

石黒裕紀さん

| 大人数で | ランチ or ディナー | 参加型 |

THEME_07
ホットプレートでセルフ型のおもてなし

その場で焼いた熱々のトルティーヤに、スパイシーなメキシカン料理をはさんでいただきます。
他の料理は事前に準備しておけば、招待する側もゲストと一緒にわいわい楽しめます。

ワカモレ
ファヒータ
焼きパイン
たことじゃがいものサラダ
きゅうりとセロリの
ディルサラダ

ファヒータ

スパイスを合わせてパンチのある味わいに
同じ大きさに切りそろえるのがポイント

【材料】4人分

牛もも肉(焼き肉用)…200g
A チリパウダー、ウスターソース…各大さじ1/2
　クミンパウダー…小さじ1
　にんにく(すりおろし)…小さじ1/2
　塩、こしょう…各少々
玉ねぎ…1/2個
パプリカ(赤)(黄)…各1/2個
サラダ油…大さじ1

【作り方】

1 牛肉は1cm幅の細切りにして**A**をもみ込み、30分〜半日冷蔵庫におく。

2 玉ねぎとパプリカは1cm幅に切る。

3 フライパンに油を熱し、玉ねぎとパプリカを加えしんなりするまで炒める。1を加えて炒め合わせる。

フラワートルティーヤ

メキシコの伝統的な薄焼きパン
好きなおかずをはさんでいただきます

【材料】12枚分

A 薄力粉…200g
　強力粉…100g
　ベーキングパウダー…小さじ1
　塩…小さじ1/2
　砂糖…2つまみ
B 湯(約40℃)…150mℓ
　オリーブオイル…大さじ3
香菜、チェダーチーズ、紫玉ねぎ、
　レタス、ライム…各適宜

【作り方】

1 **A**を合わせてふるう。

2 1に合わせた**B**を加え混ぜ、まとまってきたら約5分こねてラップで包み30分おく。

3 2を12等分割して打ち粉をした台の上で麺棒で伸ばし、約2mm厚さの円形にする。

4 フライパンやホットプレートを熱し、3をのせる。ぷうっと膨らんで焼き色がついたら(約1分)裏返してさらに約1分、焼き目がつくまで焼く。焼けたら乾燥しないように上にアルミホイルをかぶせておく。

5 器に盛り、好みでざく切りにした香菜、チェダーチーズ、薄切りにした紫玉ねぎ、細切りにしたレタス、くし形切りにしたライムを添える。

生地がくっつきやすいので
必ず打ち粉をしてから、麺
棒で薄く伸ばす

サルサソース

他のおかずにたっぷりのせて薬味のように使います

QUICK! 10 min

【 材 料 】 作りやすい分量

トマト … 2個
紫玉ねぎ … 1/2個
ピーマン … 1個
にんにく(みじん切り) … 1/2片分
香菜 … 2株
A ライムのしぼり汁 … 大さじ1
　　塩 … 小さじ1
　　タバスコ … 小さじ2/3

【 作 り 方 】

1　トマトは種を除いて1cmの角切りにし、玉ねぎ、ピーマンは粗みじん切りにする。香菜は小口切りにする。

2　ボウルに**1**、にんにく、**A**を混ぜ合わせる。

焼きパイン

QUICK! 10 min

清涼感あるミントで
パイナップルの甘みを引き立てて

【 材 料 】 4人分

パイナップル … 1/4個
ラム酒 … 大さじ2
ミント … 適量
塩、黒こしょう … 各少々

【 作 り 方 】

1　パイナップルは一口大に切る。

2　フライパンに**1**を入れて強火で両面焼き付け、ラム酒をふりかけ一気にアルコールを飛ばす。

3　器に盛り付けて塩と黒こしょうをふり、ミントを散らす。

THEME　Hot Plate

ワカモレ

切った材料を混ぜるだけで完成
チリパウダーで風味よく

QUICK! 5 min

【 材 料 】 4人分

アボカド … 1個
玉ねぎ … 1/4個
トマト … 1/2個
A レモン汁 … 大さじ1
　　にんにく(すりおろし) … 1/2片分
　　塩 … 小さじ1/2
　　チリパウダー … 小さじ1/3

【 作 り 方 】

1　アボカドは種を除いてフォークなどで粗くつぶす。玉ねぎはみじん切りにする。トマトは種を除いて1cm角に切る。

2　ボウルにアボカド、**A**を混ぜ合わせて、玉ねぎとトマトを加えてさっと混ぜる。

49

たことじゃがいものサラダ

たことじゃがいもは相性抜群
仕上げにオリーブを加えて味に深みをプラス

【 材料 】 4人分

じゃがいも(あればメークイン) … 3個
ゆでだこ … 200g
グリーンオリーブ(種なし) … 10粒
にんにく(つぶす) … 1/2片
A レモン汁 … 小さじ1
　チリパウダー … 小さじ1/4
　塩 … 小さじ1/6
オリーブオイル … 大さじ2

【 作り方 】

1　じゃがいもはよく洗って皮のままラップで包み、電子レンジで6〜7分加熱する。熱いうちに皮をむいて1.5cm厚さの輪切りにする。ゆでだこは一口大に切り、グリーンオリーブは半分に切る。

2　フライパンににんにく、オリーブオイルを入れ火にかける。香りが立ったらたことじゃがいもを加えてさっと炒め、グリーンオリーブ、**A**を加えて混ぜる。

きゅうりとセロリのディルサラダ

QUICK! 10 min

味付けはシンプルな分、
さまざまな食感を重ねてメリハリを

【 材料 】 4人分

きゅうり … 1本
セロリ(芯の部分) … 1本分
ディル … 2枝
A レモン汁 … 小さじ2
　マスタード … 小さじ1/4
　塩、こしょう … 各少々
　オリーブオイル … 大さじ1/2
塩 … 少々

【 作り方 】

1　きゅうりは縞目に皮をむいて1cmの輪切りにし、ボウルに入れる。塩を加えて混ぜ、少しおいて水けが出たらさっと洗って水けを拭く。セロリは5mm幅の小口切りにする。ディルは粗く刻む。

2　1と**A**を和える。

トルティーヤとワカモレ
サルサソースをアレンジ

Arrange recipe

タコサラダ

カップに見立てたトルティーヤに
好きなおかずを詰めて。お弁当にも使えます

【 材 料 】1人分

フラワートルティーヤ
　（P.48工程**3**のもの）… 適量
レタス、紫玉ねぎ、サルサソース(P.49)、
　ワカモレ(P.49)など … 適量

【 作 り 方 】

1 焼いたトルティーヤをマフィンの型やアルミカップに詰める。

2 180℃のオーブンで15〜20分焼く。

3 中に好みの具材を詰める。

THEME Hot Plate

TABLE COORDINATE

みんなでホットプレートを囲む参加型のホームパーティー

カラフルな野菜をふんだんに使ったパワフルで個性豊かな料理は、さまざまなタイプの皿に盛りつけてバラエティーに富んだ食卓に。

POINT (1)

**人気の香菜を
ドリンクにもあしらって**

グラスに注いだビールに香菜の葉をトッピング。香菜特有の香りが加わり、いつものビールが新鮮な味わいに変わります。今回のようなメキシカン料理にもぴったり。ウェルカムドリンクとしても最適です。

POINT (2)

**盛り上がり必至の
ホットプレート**

ホットプレートを食卓の中心に置いて、会話を楽しみましょう。焼き立ての料理を提供するのもおもてなしのひとつです。最近ではスタイリッシュな縦長のホットプレートもあるので活用してください。

POINT (3)

**シックな和食器で
料理を引き立てる**

パプリカやトマトを使った色鮮やかな料理には、シックなお皿が相性○。料理を引き立ててくれるうえ、食卓全体が落ち着いた印象にまとまります。石黒さんはざらっとした質感の和食器を合わせることが多いそう。

カラフルトマトのカプレーゼ

牛肉のロースト

THEME 21:00〜

バニラアイス
いちごのシロップ添え

ドライいちじくのバターサンド

クレソンと
マッシュルームのサラダ

ペコロスのバルサミコ焼き

| 急な来客に | 夜遅くからでもOK | バル風 |

THEME_08

21時からのおもてなし

夜遅く、近所に住む友人が急に集まって、わが家で飲み会を開くことになったら……。
トータル30分で身近な食材をごちそうに早変わりさせて、スピーディーなおもてなしを。

牛肉のロースト

ペコロスをオーブンに入れたら次はこちら
余熱でじっくり火を通すのがポイント

【 材料 】4人分

牛もも肉ブロック … 400g
にんにく … 1玉
オリーブオイル … 大さじ1
A 赤ワイン … 大さじ3
　 しょうゆ … 大さじ1
塩 … 小さじ1/2
黒こしょう … 適量
わさび … 適量

【 作り方 】

1　牛肉に塩、黒こしょうをすり込む。にんにくは丸ごと横半分に切る。

2　フライパンに、にんにくの切った断面を下にして並べてオリーブオイルを加え、火にかける。香りが立ったら牛肉を加え、全面を約2分ずつ焼きつける。

3　全面に焼き色がついたら取り出し、アルミホイルで包んで約15分おく。食べやすい大きさに切って、にんにくとともに器に盛る。

4　3のフライパンにAを入れて中火にかける。煮立ったら牛肉にかけ、わさびを添える。

すべての面をさっと焼き付けたら熱いうちに、アルミホイルで包んでじんわりと火を通す

ドライいちじくのバターサンド

美容にいいとされるいちじくをおつまみに
バターが室温にもどったら食べごろ

QUICK!
5 min

【 材料 】12個分

ドライいちじく … 12個
ローストアーモンド … 12粒
バター … 適量

【 作り方 】

ドライいちじくに切り込みを入れてアーモンドとバターをはさむ。

ペコロスのバルサミコ焼き

まずはこのメニューから調理スタート
玉ねぎの場合は半分に切って加熱を

【 材料 】4人分

ペコロス … 12個
A 塩 … 小さじ1/2
　 こしょう … 少々
　 オリーブオイル … 大さじ1〜2
バルサミコ酢 … 大さじ2〜3

【 作り方 】

1　ペコロスは皮ごとよく洗い、ひとつずつラップで包み電子レンジで2分加熱する。

2　耐熱容器に**1**を入れ**A**を加えて全体を混ぜる。200℃のオーブンで15分焼く。バルサミコ酢をかけてさらに5分焼く。

クレソンとマッシュルームのサラダ

味付けはレモンと塩こしょうでシンプルに
クレソンがシャキシャキなうちに召し上がれ

QUICK!
5 min

【 材料 】4人分

クレソン … 2束
マッシュルーム … 4個
レモン … 1/2個
ローストくるみ … 20g
ペコリーノチーズ … 適量
オリーブオイル … 大さじ1/2
塩、黒こしょう … 各少々

【 作り方 】

1　クレソンは食べやすい長さに切る。マッシュルームは石づきを切り落として3mm厚さの薄切りにする。

2　器に**1**を盛り、オリーブオイルを回しかけ、塩、黒こしょうをふり、レモンをしぼる。くるみをちらし、チーズをピーラーで削って散らす。

THEME 21:00〜

カラフルトマトのカプレーゼ

QUICK! 5 min

食材の色を上手に組み合わせて
チーズはちぎって味なじみよく

【 材 料 】 4人分

ミックスミニトマト … 16個
モッツァレラチーズ … 1個
バジル … 4〜5枚
塩、黒こしょう … 各少々
オリーブオイル … 適量

【 作り方 】

1 ミニトマトは横半分に切って皿に盛る。

2 モッツァレラチーズとバジルをちぎって散らし、塩、黒こしょう、オリーブオイルを回しかける。

【 材 料 】 4人分

いちご … 300g
砂糖 … 大さじ3
キルシュ (なければブランデー) … 大さじ1
バニラアイスクリーム … 適量
マスカルポーネ … 適量
ビスケット … 適量

【 作り方 】

1 耐熱ボウルにいちごを入れて砂糖をまぶし、ラップをして電子レンジで3分加熱する。一度混ぜて再度2分加熱し、粗熱が取れたらキルシュを加えて混ぜ、冷蔵庫で冷やす。

2 器にビスケット、マスカルポーネ、バニラアイスクリームを盛り、1をかける。

バニラアイス いちごのシロップ添え

電子レンジで作る手軽なシロップは
濃厚なマスカルポーネとよく合います

QUICK! 10 min

牛肉とペコロス焼きとサラダをアレンジ

Arrange recipe

牛肉とペコロスのホットサンド

マスタードで味を品よくまとめた豪華なステーキサンド

【 材 料 】1人分

食パン（6枚切り）… 2枚
牛肉のロースト（P.54）… 適量
ペコロスのバルサミコ焼き（P.55）… 適量
ペコリーノチーズ … 適量
クレソンとマッシュルームのサラダ（P.55）… 適量
マスタード … 適量

【 作り方 】

1　食パンにマスタードをぬる。ペコロスは皮をむき、食べやすい大きさに切る。

2　1の食パンにすべての具をのせてもう1枚のパンではさみ、ホットサンドにする。

THEME 21:00〜

TABLE COORDINATE

シンプルな皿やクロスで スッキリとした上品な食卓に

急な来客時にはテーブルコーディネートにまで手が回らないことも。そんなときは料理を引き立ててくれるシンプルなアイテムを活用。調理道具や食材もコーディネートのアクセントに。

POINT（1）

わさびはすりたての新鮮な風味を味わう

調理道具や食材もコーディネートのアイテムとして活用できます。たとえば、その場ですりおろしたわさびを添えると時短料理が手の込んだごちそうに見えるから不思議。フレッシュな風味を楽しみましょう。

POINT（2）

オーブン料理はそのまま食卓にサーブ

オーブン料理は焼きたてをそのまま食卓に。熱々で臨場感のある料理はゲストの心をつかみます。使う食材や料理を選ばない、万能な耐熱皿や容器がひとつあると時間がない日の調理にも役立ちます。

POINT（3）

時間がない日は同系色を味方に

お皿やクロスをあれこれと選ぶ時間がない日は、クロス、皿、ペーパーナプキンなどをすべて同系色でまとめて清潔感のあるコーディネートにするのが正解です。取り皿には使い勝手のいいオーバル皿をチョイス。

COLUMN (1)

今日を"幸せな日"に変える小さなおもてなし

ほんのひと工夫で、パーティーがより充実したものに。
料理家のみなさんが日々の暮らしで見つけた小さなおもてなし術を教えてもらいました。

STAYLE.01　小堀紀代美さん

ドリンクコーナーを用意

ゲスト全員が同じ時間にそろうとは限らないもの。早く来てくれた人が手持ちぶさたにならないよう、ドリンクを用意。ゲスト同士の会話がはずむのにも一役かってくれます。

STAYLE.02　瀬戸口しおりさん

好きな花をさりげなく飾る

ホスト側に気合が入りすぎていると、ゲストがかえって緊張してしまうことも。「できるだけリラックスしてほしいので、日常の延長線上のおもてなしを心がけています」

STAYLE.03　八木佳奈さん

手作りのおしぼりをナプキン代わりに

ゲストが自由に使えるおてふきを用意。「子どもがいるとこぼすことが多いので、吸水性が高いおてふきが必須」。人数分より多く用意しておくと、どんな場面にも対応できます。

STAYLE.04　石黒裕紀さん

感謝の気持ちを込めておみやげを

帰ってからも今日のおいしかった料理や楽しかった会話を思い出してもらいたい。「『また来てね』の気持ちを込めて、ハーブのプチブーケなど小さなおみやげを用意します」

PART.2

味も見た目も主役級

絶対ほめられる持ちより料理

ひとり一品の持ちよりパーティーは、
気軽だけれど、ついレシピがマンネリになりがち。
歓声のあがる華やかなレシピに挑戦して、
得意料理のバリエーションを増やしましょう。
「また作って！」の笑顔が最高のごほうびです。

POTLUCK

肉料理

前日から仕込んでおく

豚肉と果物のポットロースト

豚肉の旨味が染み込んだフルーツがソースがわり
パイナップルやりんごでもおいしくできます

【 材料 】

4〜5人分(直径20cmの鍋使用)

豚肩ロース肉 … 600g
オレンジ(できればノーワックスのもの)
　… 1/2個
いちじく … 2個
マスカット … 6〜7粒
タイム … 4〜5本
ローリエ … 3〜4枚
塩 … 小さじ1と1/2
オリーブオイル … 少々

HOW TO CARRY

肉汁がもれないようペーパーで包んだ状態のまま、蓋付き密閉容器に入れる

【 作り方 】

1　前日準備

豚肉はペーパータオルで水けを拭き取る。全体に塩をすり込んでローリエを貼り付け、ラップでぴっちりと包む。冷蔵庫に一晩おく。

2　当日

1の脂身に格子状に切り目を入れて室温にもどす。オレンジは輪切り、いちじくは縦半分に切る。

3　フライパンにオリーブオイルを強めの中火で熱して肉を焼く。全面に焼き色が付いたら取り出す。

4　オーブンシートにオレンジの輪切りを2枚しいてその上に3をのせる。残りのオレンジといちじく、マスカット、タイム、ローリエをのせてキャンディーのように包む。

5　厚手の鍋に4と水大さじ3(分量外)を入れて火にかける。蒸気が出たら弱火にして約25分加熱する。火を止めて約20分おく。

3

フルーツに肉汁が染み込むように肉のまわりにおいて包んでから鍋に入れる

中近東風肉団子

粗く刻んだラム肉を加えて歯ごたえをプラス
酸味をきかせた2種のソースをたっぷりかけて

【 材料 】4人分

ラム肉(肩焼き肉用) … 300g
合いびき肉 … 400g
パン粉 … 50g
牛乳 … 50mℓ
A 卵 … 1個
　にんにく(すりおろし) … 1片分
　クミンパウダー … 小さじ1/4
　塩 … 小さじ1
サラダ油 … 適量
紫玉ねぎ、香菜、ディル、
　トレビス … 各適宜

【 作り方 】

1 前日準備

　ボウルにパン粉と牛乳を入れて約10分おく。

2 ラム肉は粗みじん切りにして包丁で少したたき、1のボウルに入れる。合いびき肉とAを加えて粘りが出るまで混ぜる。

3 10〜12等分し、手に油を塗って手のひらでたたきつけるようにして空気を抜く。丸く成形して中央を指でくぼませる。

4 天板にオーブンシートをしいて3の肉団子を並べ、190℃のオーブンで15〜20分焼く。

5 当日

　4を熱したフライパンで温め直す。皿に盛り、焼きトマトソースとヨーグルトソースをかけながらいただく。好みで粗みじん切りにした紫玉ねぎ、ざく切りにした香菜、手でちぎったトレビス、ディルを添える。

◎ 焼きトマトソース

【 材料と作り方 】

1 にんにく1片は半分に切って芯を取り、赤唐辛子1本は粗く刻んですり鉢に入れてつぶす。

2 トマト小2個は焼き網で表面に焦げ目がつくまで焼いて皮を除き、1のすり鉢に入れてつぶす。

3 2にオリーブオイル大さじ2、レモン汁大さじ1、塩小さじ2/3を加えて混ぜる。保存瓶に移す。

◎ ヨーグルトソース

【 材料と作り方 】

ヨーグルト400mℓ、塩小さじ1、クミンパウダー小さじ1/2をボウルに入れて混ぜる。塩が溶けたらオリーブオイル大さじ2を加えて混ぜ、保存瓶に移す。

HOW TO CARRY

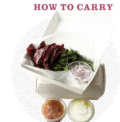

紙製のボックスに肉団子を。ソースはプラスチックのケースに入れて持参

Shiori Setoguchi

牛肉のグラーシュ

ハンガリーで愛されるおふくろの味
肉はほろほろになるまで煮込みます

【材料】作りやすい分量・5～6人分

牛もも肉 … 800g
赤ワイン … 200ml
玉ねぎ(薄切り) … 1個分
にんにく(薄切り) … 1片分
キャラウェイシード(なければクミン)
　… 小さじ2
パプリカパウダー … 大さじ3(20g)
A トマト水煮缶 … 1缶(400g)
　　水 … 400ml
　　塩 … 小さじ2
じゃがいも … 2個
にんじん … 1本
セロリ … 1本
パプリカ … 1個
サラダ油 … 大さじ1
塩、こしょう … 各適量
薄力粉 … 大さじ3
バター … 15g
サワークリーム … 適宜
イタリアンパセリ … 適宜

【作り方】

1. 前日準備　牛肉はやや大きめの一口大に切って、バットなどに入れ、赤ワインにつけて冷蔵庫で一晩おく。

2. 当日　フライパンにサラダ油を熱し、玉ねぎ、にんにく、キャラウェイシードを炒める。玉ねぎがしんなりとしたら、厚手の鍋に移す。

3. **1**の水けをペーパータオルで拭き取り(つけた赤ワインは残しておく)、塩、こしょう、薄力粉をまぶす。**2**の空いたフライパンにバターを熱し、牛肉を焼く。全面に焼き色が付いたらパプリカパウダーを全体にまぶし、**2**に移す。

4. **3**の空いたフライパンに、牛肉をつけた赤ワインを加えてひと煮立ちさせ、**2**の鍋に移す。

5. **2**の鍋に**A**を加えて火にかけ、煮立ったら弱火で約2時間、牛肉がやわらかくなるまで煮る。

6. じゃがいも、にんじん、セロリ、パプリカは一口大に切る。**5**に加えてさらに約1時間煮る。

7. 器に盛り、好みでサワークリーム、刻んだイタリアンパセリをのせる。

HOW TO CARRY

温め直しが可能なら、鍋ごと持って行くと便利。蓋が動かないようふろしきで包む

焼き色を付けた肉にパプリカパウダーをたっぷりふり入れて風味をつける

鶏むね肉の エスニックから揚げ

ナンプラーで下味をつけて味を引き締めます
個性豊かな4種のたれと一緒にどうぞ

【 材料 】 4人分

鶏むね肉 … 2枚(約500g)
A 酒 … 大さじ1と1/2
　ナンプラー … 大さじ1
　しょうが(すりおろし) … 大さじ1
　にんにく(すりおろし) … 少々
　黒こしょう … 少々
卵 … 1個
B 片栗粉 … 大さじ4
　薄力粉 … 大さじ4
揚げ油 … 適量

◎ **トッピング**
セロリ … 1/3本
にんじん … 4cm
紫玉ねぎ … 1/4個
香菜 … 1~2株

◎ たれ各種

❶ スイートチリソース … 大さじ3
　レモン汁 … 大さじ1と1/2
　水 … 大さじ1/2
　ナンプラー … 小さじ2/3
❷ ピーナッツバター … 大さじ2
　一味唐辛子 … 少々
　ナンプラー … 小さじ1/2
　水 … 大さじ2
　砂糖 … 小さじ1/2
❸ ポン酢じょうゆ … 大さじ2
　しし唐(小口切り) … 3本
　青唐辛子(小口切り) … 1本
❹ ケチャップ … 大さじ2
　タバスコ … 小さじ1/4

HOW TO CARRY
から揚げは重なるとベタッとした食感になってしまうので、平らな容器にできるだけ広げて詰める。付け合わせとたれは別容器で。

【 作り方 】

1 〔前日準備〕
鶏肉は余分な脂を除き、一口大に切ってボウル(または保存袋)に入れる。**A**を加えてよくもみ、汁けがなくなったら卵を割り入れ、さらにもむ。

2 ❶~❹までの各種たれの材料を混ぜる。

3 〔当日〕
セロリと紫玉ねぎは薄切り、にんじんはせん切りにする。香菜は3cm長さのざく切りにする。ボウルにすべてを入れ、水に約5分さらし、ざるに上げて水けをしっかりきる。

4 **1**に混ぜ合わせた**B**をまぶし、170~180℃の揚げ油で5~6分揚げる。器に**3**とともに盛り、**2**のたれにつけていただく。

Yuki Ishiguro

魚料理

お酒がすすむ

白身魚のリエット ゆずこしょう風味

白身魚の繊細な風味を
ゆずこしょうで引き締めて

【材料】4〜6人分

- 白身魚の切り身（生だらや真鯛など）… 250g
- 玉ねぎ … 1/6個
- にんにく（すりおろし）… 1/2片分
- A
  - 白ワイン … 大さじ1
  - レモン汁 … 小さじ1
- ゆずこしょう … 小さじ1
- レモンの皮 … 1/4個分
- オリーブオイル … 大さじ1
- 塩 … 小さじ1/4
- バター … 50g
- バゲット … 適宜
- トレビス … 適宜

【作り方】

1 白身魚は皮を取って骨を抜き、塩少々（分量外）をふる。適度な大きさに切ってしばらくおき、ペーパータオルで水けを拭く。玉ねぎはみじん切りにする。

2 鍋にオリーブオイルとにんにくを入れて弱めの中火にかけ、香りが立ったら玉ねぎを加えてしんなりするまで炒める。1の魚と塩を加えてさっと炒め、Aを加えて蓋をし、2〜3分蒸し煮にする。

3 魚に火が通ったら、蓋をはずして汁けを飛ばし、火を止めてバターを加え溶かす。

4 ゆずこしょうを加え、ハンドミキサーなどでなめらかになるまで撹拌する。塩少々（分量外）で味をととのえ、レモンの皮をすって加える。鍋底を氷水に当てて冷やす。レモンの皮を混ぜて器に盛り、好みでバゲット、トレビスを添える。

HOW TO CARRY

リエットは小さなココットに詰めて持っていくとそのまま食卓に出せて◎。バゲットも添えて

強火でしっかりと水分を飛ばすと味がぼやけない

ベトナム風さんまのオイル漬け

ふっくらするまで煮たさんまに
レモンとナンプラーの香りをまとわせて

【材料】4人分

さんま … 4〜6尾
にんにく … 1片
レモングラス（あれば） … 2本
紫玉ねぎ … 1/2個
大葉 … 3枚
香菜 … 1株
セロリの葉 … 1本分
A ┌ レモン汁 … 1個分
　└ ナンプラー … 100ml
ミント … 適量
フライドオニオン … 適量
バターピーナッツ … 適量
塩 … 小さじ1
黒こしょう … 6粒
オリーブオイル … 適量

【作り方】

1　さんまは頭とワタを除いて流水で洗い、血合いを除く。ペーパータオルで水けを拭き取り、塩少々（分量外）をふって約10分おく。にんにくは半分に切って芯を取り、たたいてつぶす。

2　1を大きな鍋に入れる。半分の長さに折ったレモングラス、塩、黒こしょう、ひたひたの水（分量外）を加えて弱めの中火にかける。煮立ったら弱火にして、時々スプーンで煮汁をさんまにかけながら約8分煮る。

3　火を止め、そのままおいて冷ます。粗熱が取れたら、さんまを取り出して汁けをきり、保存容器に入れてオリーブオイルを注ぐ。

4　紫玉ねぎは薄切りにし、大葉は食べやすい大きさにちぎる。香菜とセロリの葉はざく切りにする。

5　器に3のオイルを軽くきって盛り、混ぜ合わせたAを適量かける。4、ミント、フライドオニオン、砕いたピーナッツを散らす。

HOW TO CARRY

さんまの身は食べる直前にほぐすのがおいしいので、切らずに丸ごと保存容器に入れる

さんまは煮くずれやすいので、鍋にさんまのしっぽが当たる場合は、写真のようにアルミホイルを鍋に貼る

Shiori Setoguchi

サーモンのパイ包み焼き

サーモンと相性のよい
ディルを合わせて繊細な味に

【材料】8×15cmのパイ2本分

サーモン(刺身用さく) … 2本(約130g×2)
冷凍パイシート(20×20cm) … 2枚
玉ねぎ … 1/2個
ディル … 5〜6枝
A [塩小さじ1/2　こしょう適量]
バター … 10g
薄力粉 … 大さじ1
牛乳(冷やしておく) … 70ml
B [水小さじ1/2　卵黄1個分]
塩、こしょう … 各適量
オリーブオイル … 小さじ1

HOW TO CARRY

2本切らずに入る容器に並べ入れる。
間にワックスペーパーをはさむとパリッとした食感をキープできる

【作り方】

1　玉ねぎは薄切りにする。ディルは葉を粗く刻む。サーモンは塩、こしょうをまぶす。

2　フライパンにオリーブオイルを熱し、サーモンを焼く。焼き色が付いたら裏返して蓋をし、弱火で4〜5分焼き、取り出して冷ます。

3　2のフライパンをさっと拭き、バターを熱して玉ねぎを炒める。玉ねぎがしんなりとしたら、薄力粉を加えてへらで混ぜながら炒める。薄力粉がまとまったら、冷たい牛乳を一度に加える。しっかりととろみがついたら、A、ディルを加えて混ぜ、火からおろして冷ます。

4　パイシートは図のようにカットし、2、3を半量ずつ順にのせる。図のように包んでオーブンシートの上にのせ、混ぜ合わせたBを表面にはけで塗る。200℃のオーブンで約10分焼き、温度を180℃に落としてさらに約20分焼く。

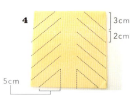

破線のように包丁を入れて切る

切った残りは捨てずにとっておく

交互に巻き付けていき、切れ端を両端に貼りつける

セビーチェ

魚介とフレッシュな野菜を合わせて
サラダ仕立てに。見た目もカラフルで楽しい

【材料】4人分

えび … 8尾
いか … 小1ぱい
ほたて(刺身用) … 4個
A 酒 … 大さじ1
　塩 … 小さじ1/4
B 青唐辛子(小口切り) … 1〜2本
　ライムしぼり汁 … 大さじ3
　オリーブオイル … 大さじ2
　塩 … 小さじ1/2
紫玉ねぎ … 1/2個
ペリカンマンゴー … 1個
トレビス(あれば) … 葉4枚
パセリ … 1枝

【作り方】

1 ボウルに殻をむいたえびを入れ、塩、酒、片栗粉各適量(すべて分量外)を加え、水洗いし、背開きにして背ワタを除く。いかはワタと皮を除いて1cm幅の輪切りにする。げそは先を切って3〜4等分に切る。ほたては大きいものは半分に切る。

2 鍋に湯を沸かして**A**を加える。**1**を入れて約10秒たったら火を止め、そのまま約5分おいて余熱で火を通す。

3 **2**をざるに上げてキッチンペーパーで水けを拭き、ボウルに入れる。**B**を加えて和え、冷蔵庫で冷やす。

4 紫玉ねぎは薄切り、マンゴーは一口大に切る。トレビスは一口大にちぎる。パセリは粗みじん切りにする

5 **3**に**4**を加えて混ぜ、器に盛る。

HOW TO CARRY

容器に詰める際は、水っぽくならないようにトレビスやマンゴーは上にのせる。混ぜるのは食べる直前に

Yuki Ishiguro

マリネ
持っていく間においしくなる

自家製ドライトマトのショートパスタ

水分が抜けて甘みが増したトマトを調味料代わりにふんだんに使います

【材料】4人分

ペンネ … 200g
セミドライトマト … 30個
サラミ … 80g
A　紫玉ねぎ（みじん切り）… 大さじ2
　　オリーブオイル … 90ml
　　赤ワインビネガー … 大さじ1と1/3
　　ディジョンマスタード … 小さじ2
　　塩 … 小さじ1
イタリアンパセリ … 適宜

【作り方】

1　鍋にたっぷりの水と塩適量（分量外）を入れて沸かし、ペンネを袋の表示どおりにゆでる。サラミは約8mm幅に切る。

2　ボウルにAを入れて混ぜる。

3　ペンネがゆで上がったら水けをきり、熱いうちに2とからめる。セミドライトマトとサラミを加えて混ぜ、しばらくおいて味をなじませる。好みで刻んだイタリアンパセリを散らす。

◎ セミドライトマト

【材料】作りやすい分量

ミニトマト … 50〜60個
塩、グラニュー糖 … 各少々
オリーブオイル … 適量

【作り方】

ミニトマトは横半分に切る。天板にオーブンペーパーをしき、切った面を上にして塩、グラニュー糖をふる。100℃のオーブンで90分焼き、粗熱が取れたら保存瓶に移しオリーブオイルをひたひたになるまで注ぐ。

切った断面から水けがなくなり、しわしわになるまで加熱する

HOW TO CARRY

すべてを混ぜ合わせてから、耐油性のフードボックスに入れる。トマトの甘みがパスタになじんで奥深い味わいに

焼き野菜のマリネ

焦げの苦みまで味わう大人のマリネ
肉料理のサイドメニューとしても

【材料】4人分

万願寺唐辛子 … 12本
パプリカ(赤) … 2個
A 酢 … 大さじ2
　塩 … 小さじ2/3
　砂糖 … 小さじ1
　サラダ油 … 大さじ1/2

【作り方】

1. 万願寺唐辛子は竹串で1か所刺す。パプリカは種を除いて、縦8等分に切る。
2. 保存容器やバットに**A**を入れて混ぜる。
3. **1**の万願寺唐辛子とパプリカは焼き網で軽く焦げ目がつくまで焼く。熱いうちに**2**に漬ける。
4. 冷めたら一度上下を返して、冷蔵庫で冷やしてからいただく。

HOW TO CARRY

野菜がマリネ液にしっかりとつかるようにやや小さめのホーロー容器に重ねて入れる

RECIPE MEMO >>>

万願寺唐辛子の代わりに、パプリカと同様に切ったピーマンや、しし唐でアレンジしてもおいしく作れます。なすやズッキーニを加えても。他の食材で作る場合も、必ず焼き網で焦げ目をつけるのがポイント。

コンロに焼き網を置いて焦げ目がつくまでじっくりと焼く

Shiori Setoguchi

あじの和風マリネ

少なめの油で色よく揚げ焼きに
香味野菜でさっぱりと

【 材料 】4人分

あじ … 4尾
A 酢 … 100mℓ
　酒 … 大さじ3
　しょうゆ、みりん … 各大さじ2
　砂糖 … 大さじ1
　鷹の爪（輪切り）… 1本分
　青ゆずのしぼり汁 … 大さじ1
大葉 … 10枚
みょうが … 3本
万能ねぎ … 5本
ブロッコリースプラウト … 1パック
塩 … 適量
薄力粉 … 適量
サラダ油 … 適量
青ゆず（飾り用）… 1個

【 作り方 】

1. あじは三枚におろし、塩をふって約15分おく。水けをキッチンペーパーで拭き取り薄力粉をまぶす。
2. 小鍋にAを入れて火にかけ、煮立ったら保存容器に入れて冷ます。
3. 大葉は一口大にちぎり、みょうがはせん切りにする。万能ねぎは斜め細切りにして、スプラウトとともに水に約5分さらし、水けをきる。
4. フライパンにサラダ油を熱し、1を皮目を下にして並べ入れる。両面をこんがりと焼き、油をきって2に並べ入れ、しばらくおいて味をなじませる。
5. 器に4、3を盛り、青ゆずを添える。

HOW TO CARRY

しっかりとたれに浸して味を染み込ませる。酢を使っているのでホーロー容器に入れて持参を

しっかりと油をきっておくと味なじみがよくなるうえ、カラッと香ばしく仕上がる

緑とピンクのマリネ

野菜のもつ色合いを引き出した
2色のコントラストが美しい一品

◎ ピンクのマリネ

【材料】4人分
みょうが … 6個
カリフラワー … 1/4個
れんこん … 小1〜2節
ラディッシュ … 6個
A ［ 酢250mℓ　水300mℓ　砂糖大さじ2　塩小さじ1と1/3　黒粒こしょう8粒 ］

【作り方】

1　みょうがは縦半分に切る。カリフラワーは小房に分けて大きいものは縦半分に切る。れんこんは皮をむいて5mm厚さの輪切りにする。ラディッシュは葉を切り落とす。

2　鍋に湯を沸かし、れんこん、カリフラワー、みょうがの順に加えて30〜40秒ゆでる。ざるに上げ、ペーパータオルで水けを拭き取る。

3　小鍋にAを入れて火にかける。煮立ったら火からおろして粗熱を取る。

4　耐熱容器に2とラディッシュを入れ、3を注ぎ入れる。

◎ 緑のマリネ

【材料】4人分
グリーンアスパラガス … 5本
セロリ … 1本
きゅうり … 2本
ディル … 3枝
A ［ 酢250mℓ　水300mℓ　砂糖大さじ3　塩小さじ1　唐辛子1本 ］

【作り方】

1　アスパラガスは固い部分を除いて長さを半分に切る。セロリは筋を除いてアスパラと同じ長さに切る。きゅうりは長さを半分に切り、縦半分に切る。

2　鍋に湯を沸かしアスパラガスを約20秒ゆでる。ざるに上げ、ペーパータオルで水けを拭き取る。

3　小鍋にAを入れて火にかける。煮立ったら火からおろして粗熱を取る。

4　耐熱容器に1のセロリときゅうり、2、ディルを入れ、3を注ぎ入れる。

HOW TO CARRY

密閉できる保存瓶にそれぞれ入れる。緑とピンクの2色を見せたいので透明な瓶がおすすめ

水っぽいままだと味がぼやけてしまうので、しっかりと水けを拭き取る

Yuki Ishiguro

時短料理

急なお呼ばれでも大丈夫

えびとじゃがいものフリッタータ

卵をたっぷり使ってふんわりと
オーブンで焼けば失敗しらず

【 材 料 】直径24cmの耐熱容器1台分

- えび … 12尾
- じゃがいも … 小2個
- A 卵 … 6個
  - パルメザンチーズ … 大さじ4
  - 牛乳 … 大さじ1
  - 塩 … 小さじ1/4
- オリーブオイル … 大さじ1と1/2
- バター … 20g
- 塩、黒こしょう … 各適量
- パルメザンチーズ … 適量
- ピンクペッパー（あれば）… 適量
- バジル … 適宜

【 作り方 】

1. えびは殻をむいて背ワタを除き、塩水（分量外）でさっと洗って水けをきる。鍋に水、じゃがいもを入れて火にかけ、沸いたら弱火にして8〜10分ゆでる。ざるに上げ、粗熱が取れたら5mm幅の輪切りにする。ボウルに**A**を入れて混ぜる。

2. フライパンにオリーブオイルとバターを入れて熱し、**A**を加えてフォークで大きく円を描くようにして混ぜる。半熟の状態になったら**1**のえびとじゃがいもをのせて、耐熱容器に移して200℃のオーブンで15〜20分焼く。

3. 器に盛り、塩、黒こしょうとパルメザンチーズをふる。ピンクペッパーをつぶしながら散らし、好みでバジルを添える。

HOW TO CARRY

丸いお皿に移してアルミホイルで包む。バジルはワックスペーパーに包んで食べる直前に添える

枝豆とにんにく、唐辛子炒め

赤唐辛子とにんにくでパンチのある味に
ビールのおともに最適です

【材料】4人分

冷凍枝豆 … 300g
にんにく … 2片
赤唐辛子 … 2本
XO醤 … 大さじ1
サラダ油 … 大さじ1

【作り方】

1 にんにくは半分に切って芯を取り、粗みじん切りにする。赤唐辛子は種を除く。

2 フライパンにサラダ油を熱し、1を炒める。香りが立ったら、枝豆を凍ったまま加えて炒める。

3 全体に油が回ったら、XO醤を加えてさらに炒める。

HOW TO CARRY

このレシピのように軽くて型くずれの心配がないものはファスナー付き袋に入れて持参するのが便利

RECIPE MEMO >>>

冷凍の枝豆を使って、季節を問わず作れるレシピにしました。ゆでる手間がないので、わずか10分程度で完成。生の枝豆を使う場合は通常より1分程度短めにゆで、しっかりと水けをきってから作るのがポイントです。

冷凍のまま殻ごと炒める。すでに火が通っているので時間短縮になる

Shiori Setoguchi

タプナードのうず巻きパイ

うず巻き模様がかわいいおつまみパイ
タプナードは焼いた肉や魚に添えてもおいしい万能ソース

【材料】20枚分

冷凍パイシート(18×18cm) … 1枚
タプナード … 大さじ3

◎ タプナード　作りやすい分量・170g

A
- ブラックオリーブ … 150g(正味100g)
- アンチョビー(フィレ) … 5〜6枚(20g)
- にんにく … 1片
- ケーパー … 大さじ1
- レモン汁 … 大さじ1/2
- くるみ(無塩) … 30g

オリーブオイル … 大さじ2

オリーブは種を取り除く。フードプロセッサーにAを入れてなめらかになるまで撹拌する。オリーブオイルを加えてさらになめらかになるまで撹拌する。

※冷蔵庫で3日間保存可能

【作り方】

1　パイシートの全体にタプナードを塗る。端からくるくる巻いて、ラップに包む。時間の余裕があれば巻き終わりを下にして約1時間冷凍庫で冷やす。

2　1を8mm厚さの輪切りにしてオーブンシートをしいた天板に並べ、200℃のオーブンで15分焼く。

1

上部数センチをあけてパイシート全体にタプナードを薄く平らに塗り、手前から巻く。薄く塗るときれいなうず巻き模様になる。

HOW TO CARRY

うず巻き模様を見せるため、フードボックスに入れてから透明の袋で包みひもで結ぶ

鶏むね肉となすの
レンジ蒸し

電子レンジを使ったお手軽レシピ
なすは大きめに裂くと味が
しっかり染み込みます

【 材料 】4人分

鶏むね肉 … 2枚
なす … 4本
しょうが(薄切り) … 2枚
ねぎ(青い部分) … 1本分
A 酒 … 大さじ2
　 塩 … 小さじ1/4
B 麺つゆ(3倍濃縮)
　　　… 大さじ1
　 酢 … 大さじ1と1/2
　 すりごま … 大さじ2
　 水 … 大さじ1
三つ葉 … 1/2袋
みょうが … 2個
大葉 … 5枚

【 作り方 】

1　鶏肉は半分にそぎ切りにして耐熱皿に並べ、上にしょうがとねぎをのせる。**A**をふってラップをふんわりかけ、電子レンジで約4分加熱する。鶏肉を裏返してさらに2分加熱する。粗熱が取れたら大きめに裂く。

2　なすはピーラーで皮をむいてぬらしたキッチンペーパーとラップで包み、電子レンジで3分加熱する。粗熱が取れたら縦半分に裂く。

3　三つ葉は3cm長さに、みょうがと大葉はせん切りにし、合わせて水にさらす。ざるに上げて水けをきる。

4　鶏肉、なす、**B**をざっと和えて器に盛り**3**をのせる。

HOW TO CARRY

薬味は混ぜ合わせておいて別の容器で持参し、フレッシュな香りと食感を楽しんで

なすは手で大きく大胆に裂くと短時間で味がよくなじむ

Shiori Setoguchi

オーブン料理

焼くだけでごちそう

ベーコンと長ねぎのキッシュ

食材は長ねぎとベーコンでシンプルに
全粒粉入り生地のざくざくとした食感が楽しい

【材料】

直径20×高さ5cmの
キッシュ型1台分

- ベーコン … 100g
- 長ねぎ … 2〜3本
- A
  - 薄力粉 … 270g
  - 全粒粉 … 30g
- 無塩バター … 150g
- 卵黄 … 2個分
- 冷水 … 80mℓ
- B
  - 全卵 … 2個
  - 卵黄 … 1個分
  - 生クリーム … 200mℓ
  - 牛乳 … 100mℓ
  - 塩 … 小さじ1/2
  - ナツメグ … 少々
- 卵白 … 少々
- グリュエールチーズ … 100g
- 塩、こしょう … 各少々

【作り方】

1 ベーコンは1cm幅に切り、長ねぎは1cm幅の小口切りする。大きめのボウルにA、5mm角に切ったバターを入れて冷蔵庫で冷やしておく。

2 フライパンにベーコンを入れて焼き色が付くまで焼いて取り出す。同じフライパンで長ねぎを炒めて塩、こしょうをふり、取り出す。

3 1のAはバターに粉をからめて指先でバターをつぶしながらすり込み、さらさらの状態になるまで混ぜる。

4 別のボウルに卵黄と冷水を入れてよく混ぜ合わせ、3に加えてフォークで混ぜる。ざっと混ざったら手で軽く押さえてひとまとめにする(ベタつくようならいったん冷蔵庫で冷やす)。ラップでぴっちり包み、冷蔵庫に1時間以上おく。

5 別のボウルにBを入れ、泡立て器で混ぜ合わせる。

6 まな板に打ち粉(分量外)をして4を取り出し、麺棒で約3cm厚さの直径約32cmくらいに丸く伸ばし、型にしく。底面にフォークを数か所刺して穴を開け、オーブンペーパーをしいて重しを入れる。200℃のオーブンで約20分焼き、オーブンペーパーと重しを外し、はけで卵白を塗り、さらに約5分焼く。

7 チーズの1/3量を6にしき、2のベーコンと長ねぎをバランスよく散らす。5を注ぎ入れ、残りのチーズをのせる。180℃のオーブンで45〜50分焼く。

HOW TO CARRY

型からはずさず、そのままオーブンシートに包む。大きめのクロスがあると便利

なすのムサカ

ギリシャで愛されるなすのグラタン
トマトソースはバゲットにつけていただくのがおすすめ

【材料】4人分

なす … 4〜5本
合いびき肉 … 300g
にんにく（みじん切り）… 1片分
トマト缶（ホール）… 1缶
A 酒 … 大さじ1
　 砂糖 … 大さじ1/2
　 塩 … 小さじ1と1/3
B オレガノ … 小さじ1/2
　 シナモンパウダー（あれば）
　　 … 小さじ1/4
サワークリーム … 200g
粉チーズ … 大さじ1
ピザ用チーズ … 20g
オリーブオイル … 大さじ3
黒こしょう … 少々

【作り方】

1　厚手の鍋にオリーブオイル、にんにくを入れて弱火にかける。香りが立ったら合いびき肉を加え、中火で炒める。肉の色が変わったら、手でトマト缶の実をつぶしながら加え、さらにAを加えて混ぜ、約20分煮る。

2　なすは縦に7mm厚さに切る。水にさっとさらしてざるに上げ、ペーパータオルで水けを拭き取る。

3　1にBを加えてさらに約10分煮て、黒こしょうをふる。

4　フライパンにオリーブオイル少々（分量外）を熱し、2を両面に焼き色が付くまで焼く。耐熱皿に焼いたなす、3のミートソース、サワークリームの順に繰り返し重ねる。最後はなすが一番上にくるようにし、粉チーズ、ピザ用チーズを順にふりかけ、200℃のオーブンで15〜20分焼く。

HOW TO CARRY

もし、訪問先でオーブンを借りることができるなら、オーブンで焼く前の状態で持参する

Shiori Setoguchi

タンドリーチキン

下味にしっかり漬けこんで本格的な味に
野菜は時間差で焼くのがコツ

【材料】4人分

鶏もも肉 … 2枚(600g)
A ヨーグルト … 大さじ3
　にんにく(すりおろし) … 1片分
　しょうが(すりおろし) … 1片分
　ケチャップ、オリーブオイル、
　　カレー粉 … 各大さじ1
　コリアンダー、ガラムマサラ
　　(ともにあれば) … 各小さじ1/2
　塩 … 小さじ1/2
　こしょう … 適量
じゃがいも … 2個
ズッキーニ … 1本
ミニトマト … 10個
塩、オリーブオイル … 各適量

【作り方】

1 鶏肉は余分な脂を除き、食べやすい大きさに切る。

2 保存袋にAを入れて混ぜ、1を加えてさらに袋の外側からもみ、3時間〜一晩おく。

3 じゃがいもは皮のままくし形切りにし、ズッキーニは縞模様に皮をむき、1.5cm厚さの輪切りにする。ボウルにじゃがいも、ズッキーニを入れ、塩、オリーブオイルをまぶす。

4 天板にオーブンシートをしき、じゃがいも、ズッキーニを並べて200℃のオーブンで約10分焼く。いったん取り出し、鶏肉の皮目を上にして入れ、15分焼く。再度取り出して鶏肉を裏返し、ミニトマトをのせて10分焼く。

HOW TO CARRY

保存容器に食材別に詰める。このまま食卓に並べてもカラフルで様になる

ズッキーニはピーラーで縞模様に皮をむいて、見た目にひと工夫

カリフラワーと ブラックオリーブの ケークサレ

色彩のコントラストが美しい一品
ワインのおともにどうぞ

【材料】

18×8×高さ6cm パウンド型1台分

- カリフラワー … 1/2個
- ブラックオリーブ … 16粒(40g)
- **A**
  - 薄力粉 … 100g
  - ベーキングパウダー … 小さじ1
  - パルミジャーノレッジャーノ
  - （または粉チーズ）… 40g
- ベーコンブロック … 60g
- 玉ねぎ … 1/4個
- 卵 … 2個
- 牛乳 … 50mℓ
- トマトペースト … 大さじ1
- オリーブオイル … 50mℓ
- 塩、黒粒こしょう … 各小さじ1/3

【作り方】

1. パルミジャーノレッジャーノはすりおろしてボウルに入れる。残りの**A**と合わせて泡立て器でだまがなくなるまでよく混ぜる。

2. ベーコンは5mm幅の細切りにする。玉ねぎは粗みじん切りにする。カリフラワーは小房に分けて耐熱容器に入れ、ラップをかけて電子レンジ約1分30秒加熱する。粗熱を取り水けをペーパータオルで拭き取る。

3. フライパンにベーコンを入れて火にかけ、脂が出てきたら玉ねぎを加え、少し色づくまで炒める。塩、こしょう各適量（ともに分量外）をふって粗熱を取る。

4. 別のボウルに卵を割り入れてほぐし、牛乳、トマトペーストを加えて混ぜる。さらにオリーブオイルを加えて混ぜ、塩、黒こしょう、**3**を加えて混ぜる。さらに、**1**を加えてゴムべらでさっくり混ぜる。

5. 型に**4**、カリフラワー、ブラックオリーブをバランスよく流し入れ、180℃のオーブンで約50分焼く。焼けたら型から外して網にのせ、粗熱を取る。

HOW TO CARRY

型からはずし、オーブンペーパーでラッピング。黒の細いひもで結んでシックな印象に

生地の半量を流し入れ、カリフラワーとオリーブが交互になるようバランスよく並べる。美しい断面に

Yuki Ishiguro

ごはんもの

一品あるとうれしい

タイ風ひき肉サラダごはん

デザートのように盛り付けて
カップの中で混ぜながらいただきます

【材料】作りやすい分量

雑穀入りごはん … 適量
豚ひき肉 … 300g
さやいんげん … 5〜6本
ラディッシュ … 5〜6個
にんにく(みじん切り) … 1片分
A ┌ 赤唐辛子(輪切り) … 2〜3本分
　├ 紫玉ねぎ(みじん切り) … 1/2個分
　├ レモン汁 … 大さじ3
　├ ナンプラー … 大さじ2
　└ 砂糖 … 大さじ3
スーパースプラウト(あれば) … 少々
ディル … 適量
ミント … 適量
オリーブオイル … 大さじ1と1/2
塩、黒こしょう … 各少々

【作り方】

1. さやいんげんはさっと塩ゆでして、5mm幅の小口切りにする。ラディッシュは葉を切り落とし2〜3mmの薄切りにする。ボウルにAを入れて混ぜる。

2. フライパンにオリーブオイルとにんにくを入れて弱火にかけ、香りが立ったらひき肉を加えて炒める。出てきた脂はペーパーなどで取り除き、塩、黒こしょうをふりAを加えて混ぜる。

3. カップにさやいんげん、ごはん、ひき肉、スーパースプラウト、ディル、ラディッシュの順に詰める。これを繰り返して層にし、最後にミント、ディルをのせる。

HOW TO CARRY

深めの紙ケースに詰める。着いたらすぐに食べてもらえるようスプーンも添えて

3
ごはんを詰めたらスプーンの底で平らになるように表面をととのえる

Kiyomi Kobori

塩豚と里いも、ミニトマトの炊き込みごはん

塩豚の旨味が染み出たゆで汁で炊きます
里いものねっとりした食感もおいしさのひとつ

【材料】4人分

米 … 2合
豚肩ロースブロック … 400g
里いも … 2〜3個
A ┌ 酒 … 大さじ1
　　└ 薄口しょうゆ … 小さじ1
ミニトマト … 10個
昆布 … 5cm
塩 … 大さじ2/3

【作り方】

1. 塩豚を作る。豚肉に塩を全体にまぶしてすり込む。ラップでぴっちりと包み、冷蔵庫に3時間〜一晩おく。

2. 1をさっと洗ってペーパータオルで水けを拭き取り、塊のまま鍋に入れる。かぶるくらいの水を加えて火にかけ、沸いたら弱火にしてアクを除き、約30分ゆでる。火を止めてそのままおき、粗熱が取れたら2cm角に切る。ゆで汁は捨てずにとっておく。

3. 米は研いでざるに上げる。里いもは2cm角に切って水に約10分さらし、ざるに上げて水けをきる。

4. 炊飯器に3の米、塩小さじ1/3(分量外)、**A**、豚肉のゆで汁350ml(足りない場合は水を足す)を加えて軽く混ぜる。2の塩豚、3の里いも、ミニトマト、昆布をのせて炊く。炊き上がったら塩水(分量外)を手に付けながら、小さめのおにぎりをにぎる。

HOW TO CARRY

竹の葉をしいた竹かごにつめる。通気性がよく蒸れにくいのでおいしさをキープできる

なるべく新鮮な豚肉に塩をしっかりとすりこんで旨味を引き出す

Shiori Setoguchi

いかワタパエリア

海の幸をどーんと豪快に！
いかワタで味に深みを出します

【材料】

26cmのフライパン
またはパエリアパン1台分

- 米 … 2合
- いか … 小4ぱい
- えび … 8尾
- 玉ねぎ … 1/2個
- トマト … 1個
- パプリカ(赤) … 1個
- にんにく(みじん切り) … 1片分
- **A** 白ワイン … 50mℓ
  - 塩 … 小さじ1と1/2
  - 水 … 1カップ
- あさり(砂抜き済みのもの) … 200g
- 白ワイン … 50mℓ
- オリーブオイル … 大さじ1
- 片栗粉 … 小さじ1
- イタリアンパセリ … 適宜
- レモン … 適宜

【作り方】

1. いかは胴からワタを抜いて軟骨を抜き取って洗う。墨袋を破かないようにそっとはがし、目の上に包丁を入れてワタを切り離す。目の下を切り落とし、くちばしを除く。げそは長さを切りそろえ、塩をふって細かい吸盤を手でこそげ落とし、洗って食べやすい大きさに切る。えびは殻をつけたまま背ワタを取る。ボウルに入れ、片栗粉を入れてもみ、流水で洗う。白ワイン大さじ1(分量外)をかけておく。

2. 玉ねぎはみじん切りにし、トマト、パプリカは1cm角に切る。**1**のワタが入っているボウルに**A**を加えて混ぜ合わせておく。

3. フライパンににんにく、オリーブオイルを入れて弱火にかける。香りがたったら、あさり、えびを加えて中火で炒め、白ワインを回し入れて蓋をする。3〜4分してあさりの口が開いたら、あさりとえびを取り出す。

4. 玉ねぎ、トマト、パプリカを加えて炒める。玉ねぎがしんなりとしたら、米をそのまま加えて炒め合わせる。米のふちが透き通ってきたら表面をならし、いかのワタを加えて混ぜ、いかの胴を並べ入れて蓋をする。約10分たったら弱火にし、さらに約10分したら火を止める。

5. **3**のあさりとえびを戻し入れ、蓋をして約10分蒸らす。好みで刻んだイタリアンパセリをふり、レモンを添える。

HOW TO CARRY

焦げも丸ごと味わってほしいので他の容器に移さずフライパンやパエリアパンごとがおすすめ

HOW TO CARRY

それぞれぴっちりとラップで包んで保存容器に。型くずれを防ぐため、訪問先で切り分ける

3種のカラフルロール

話題の中心になること間違いなし
食材の個性をいかした三者三様の味わい

◎ 酢飯
【材料と作り方】
炊き立てのごはん600gに混ぜ合わせたA(白ワインビネガー大さじ3、砂糖大さじ1/2、塩小さじ1/2)を加えて切るようにして混ぜる。3等分にしておく。

◎ ローストビーフロール
【材料】
ローストビーフ薄切り(市販) … 約65g
クレソン … 50g
きゅうりのピクルス(くし形切り) … 1本分
ローストビーフのたれ(市販)
　… 小さじ1(もしくはしょうゆ小さじ1/2)
粒マスタード … 小さじ2
黒こしょう … 適量
のり(全形) … 1枚

【作り方】
1　クレソンはさっとゆでて冷水にとり、水けをしっかりしぼる。ローストビーフのたれをまぶす。
2　海苔に酢飯を広げてこしょうをふり、ラップをかぶせて裏返す。
3　2の手前にピクルスとクレソンを並べ、粒マスタードを塗り、端から巻く。表面にローストビーフを少しずらしながら巻きつけ、ラップで包む。

◎ アボカドロール
【材料】
アボカド(薄切り) … 1/2個分
クリームチーズ … 55g
新しょうがの浅漬け(市販) … 30g
コチュジャン … 小さじ1/2
のり(全形) … 1枚
レモン汁 … 適量

【作り方】
1　クリームチーズは約1.5cmの棒状に切る。アボカドはレモン汁をまぶす。
2　海苔に酢飯を広げてラップをかぶせて裏返す。手前に新しょうがの浅漬け、クリームチーズ、コチュジャンを並べて端から巻く。表面にアボカドを少しずらしながら巻きつけ、ラップで包む。

◎ パプリカロール
【材料】
パプリカ(赤)(黄) … 各1/2個
ズッキーニ … 1/6本
バジル … 2〜4枚
アンチョビー … 2枚
海苔(全形) … 1枚
塩、こしょう … 各少々

【作り方】
1　パプリカは皮目を上にして魚焼きグリルで焦げ目がつくまで焼く。熱いうちに皮をむき、3cm幅に切り、キッチンペーパーで水けを拭き取る。
2　ズッキーニはくし形切りにする。フライパンで両面を焼き、塩、こしょうをふる。アンチョビとバジルは縦半分に切る。
3　海苔に酢飯を広げ、ラップをかぶせて裏返す。ズッキーニ、バジル、アンチョビーを手前に並べて端からくるくると巻く。表面にパプリカを赤と黄が斜めになるよう交互に巻きつけ、ラップで包む。

Yuki Ishiguro

パンメニュー
簡単なのに華やか

ステーキサンドとフルーツサンド

牛肉とクレソンの黄金コンビで豪勢に
フルーツは大きめに切って断面を美しく

サンドイッチは市販のケースに。断面が美しく見えるよう詰める。すき間があるとくずれやすいので注意。

◎ ステーキサンド

【材料】4人分

食パン(6枚切り) … 4枚
牛薄切りもも肉 … 150g
紫玉ねぎ … 1/2個
クレソン … 2束
バター … 20g
マスタード … 大さじ1
サラダ油 … 適量
塩、こしょう … 各少々
粗びき黒こしょう … 適量

【作り方】

1　食パンはトースターで焼き色が付くまで焼き、バター、マスタードを順にぬる。牛肉は室温にもどして塩、こしょうをふる。紫玉ねぎは繊維を断つように薄切りにする。

2　フライパンにサラダ油を熱し、牛肉の両面をさっと焼き色がつくまで焼く。肉を取り出し、玉ねぎを加えて塩少々(分量外)、粗びき黒こしょうをふる。

3　パンに牛肉、玉ねぎ、クレソンの順に重ねてはさみ、横半分に切る。

◎ フルーツサンド

【材料】4人分

食パン(6枚切り) … 4枚
いちご … 10個
キウイ … 1個
A　カッテージチーズ(裏ごしタイプ) … 100g
　　メイプルシロップ … 大さじ1と1/3
　　グラニュー糖 … 小さじ1
生クリーム … 50mℓ

【作り方】

1　キウイは天地を切り落として皮をむき、縦3等分に切る。

2　ボウルにAを入れ、泡立て器でなめらかになるまで混ぜる。ボウルの底を氷水に当てて生クリームを加え、全体がとろりとするまで混ぜる。

3　食パンに2のクリームを薄く塗り、丸ごとのいちご、キウイをのせ、さらに2を適量塗り、もう1枚の食パンではさむ。もう1枚も同様にはさみ、それぞれラップでぴっちりと包んで冷蔵庫に1時間以上おく。

4　耳の部分を切り落とし、3等分に切る。

Kiyomi Kobori

パングラタン

カンパーニュはできるだけカリッと焼き上げて
軽やかなソースとのコントラストを楽しみます

【材料】4人分

バゲット … 小1本
カンパーニュ … 1/8個
カリフラワー … 小1/2個
ホワイトソース
　薄力粉 … 大さじ4
　バター … 50g
　牛乳 … 800mℓ
　塩 … 小さじ1/4
ピザ用チーズ … 60g

【作り方】

1　バゲットは一口大に切る。カンパーニュは1cm幅に切って半量をトースターで焼き色が付くまで焼く。カリフラワーは小房に分けて約1分塩ゆでし、ざるに上げて水けをきる。

2　ホワイトソースを作る。鍋にバターを入れて弱めの中火にかけて溶かし、薄力粉を加えて木べらで全体をよく混ぜてなじませる。弱火にして牛乳を少しずつ加え、さらに塩を加えて木べらで混ぜながらとろみがつくまで加熱する。

3　耐熱皿に1のカリフラワー、バゲット、カンパーニュの半量(焼いていない方)を入れて、2のホワイトソースをかける。ピザ用チーズをかけて、200℃のオーブンで焼き色が付くまで15〜20分焼く。食べる際に残りのカンパーニュをのせる。

HOW TO CARRY

カンパーニュとホワイトソースの食感の違いを味わう料理なので、必ずカンパーニュは別にして持参

ホワイトソースは牛乳をたっぷりと使って、写真のようにさらさらとした状態に仕上げる

タルティーヌ2種

ジューシーな肉とカラフルマリネを合わせて
食卓のワンポイントになる一品に

水っぽくならないようにバゲット、肉、野菜類は別々に持参。各自、好きな具材をのせながら食べても楽しい

◎ キャロットラペと鶏もも肉のタルティーヌ

【材料】4個分

バゲット … 4切れ
にんじん … 1本(150g)
鶏もも肉 … 小1枚(150g)
A [オリーブオイル大さじ1
レモン汁大さじ1/2]
B [マーマレード大さじ1と1/2(30g)　白ワイン大さじ1
しょうゆ大さじ1/2]
クリームチーズ … 大さじ4
塩 … 小さじ1/2
こしょう … 適量
オリーブオイル … 適量
セルフィーユ … 適宜

【作り方】

1　にんじんはせん切りにして塩をふり、約5分おく。しんなりしたら水けをしぼり、Aを加えて和える。バゲットはトースターで焼き色が付くまで焼く。

2　鶏肉は余分な脂を除いて、一口大に切り、塩、こしょうをふる。フライパンにオリーブオイルを熱し、鶏肉を皮目から入れる。こんがりと焼き色がついたら裏返し、蓋をして弱火にし、3〜4分蒸し焼きにする。Bを回し入れて煮からめる。粗熱が取れたら、1切れを半分にそぎ切りする。

3　バゲットにクリームチーズを塗り、1、2を順にのせ、好みでセルフィーユを飾る。

◎ 紫キャベツとポークグリルのタルティーヌ

【材料】4個分

バゲット … 4切れ
紫キャベツ … 1/4個(200g)
豚肩ロース肉(とんかつ用) … 1枚(150g)
ラディッシュ … 1個
A [白ワインビネガー 大さじ1　マスタード大さじ1/2　砂糖小さじ1]
塩 … 小さじ1/2
こしょう … 適量
サワークリーム … 大さじ4

【作り方】

1　キャベツはせん切りにしてボウルに入れ、塩少々(分量外)をふってもみ、約5分おく。しんなりとしたら水けをしぼり、Aを加えて和える。ラディッシュは葉を切り落として薄い輪切りにする。

2　豚肉は塩、こしょうをふってフライパンで両面をこんがりと焼く。粗熱が取れたら1cm幅の斜め切りにする。バゲットはトースターで焼き色が付くまで焼く。

3　バゲットにサワークリームをそれぞれ塗り、キャベツ、2を順にのせ、ラディッシュを飾る。仕上げに好みでこしょう適量(分量外)をふる。

シュリンプトースト

えびのペーストを塗って揚げるだけ
香菜好きなひとにはたまらない一品

【材料】4人分

えび … 200g
香菜 … 40g（2～3株）
A　卵 … 1個
　　ナンプラー … 小さじ2
　　片栗粉 … 大さじ1
　　砂糖 … 2つまみ
食パン（サンドイッチ用）… 4枚
揚げ油 … 適量
スイートチリソース（市販）
　… 適量

【作り方】

1. えびは殻と背ワタを除いて塩水（分量外）でさっと洗い、水けをペーパータオルで拭き取る。粗みじんに切り、さらに包丁でたたいて粘りを出す。香菜は根まで小口切りにする。
2. 1、Aをすべて混ぜ合わせてペースト状にする。
3. 食パンを三角形になるように4等分に切り、2をのせる。
4. 揚げ油を180℃に熱してペーストをのせた面を下にして揚げる。パンの縁が色付いてきたら裏返して全体がきつね色になるまで3～4分揚げる。スイートチリソースを添えていただく。

HOW TO CARRY

通気性のよい容器でカリッとした食感を持続させる

RECIPE MEMO >>>

香菜が苦手な方は、香菜の代わりに粗みじん切りにした玉ねぎに替えてもおいしく作れます。食パンはなるべく薄切りタイプのものを選んで。軽やかに揚がり、時間がたってもサクッとした食感をキープできます。

えびはしっかりとたたいて粘りけを出しておくと、パンから離れにくくなる

Yuki Ishiguro

フィンガーフード
ぱくっとつまめる

ゆで卵といんげん豆のフィンガーフード

いんげん豆にハーブの香りを移します
卵は黄身がとろんとするくらいにゆでて

【材料】4人分

卵 … 8個
いんげん豆(乾燥) … 50g
ミモレットチーズ … 20g
ローリエ … 1枚
パセリの茎、
　またはセロリの葉 … 適量
塩、黒こしょう … 各適量
万能ねぎ … 適量

【作り方】

1. 鍋にたっぷりの湯を沸かして卵を入れる。弱火で7〜8分ゆで、冷水に取って殻をむき、縦半分に切る。

2. いんげん豆はたっぷりの水に一晩つけてもどし、ざるに上げる。鍋に移し、ローリエ、パセリの茎、塩ひとつまみ（分量外）とたっぷりの水を入れて火にかける。アクを除きながら約30分、やわらかくなるまでゆでる。ざるに上げて水けをきる。

3. 器に**1**を並べて塩をふり、**2**をのせ、さらに塩をふる。チーズを削って黒こしょうをふり、万能ねぎを散らす。

HOW TO CARRY

チーズは食べる直前にふりかけるとおいしい。削り器も一緒に持参して

いんげん豆はローリエやパセリの葉などを一緒に煮込んで香りをうつす

たらのコロッケ

たらの旨味をいかしたポルトガル料理
マヨネーズは少しずつ混ぜるのがコツ

【材料】4人分

じゃがいも … 1kg（6〜7個）
甘塩たらの切り身 … 4切れ
パセリ … 1茎
香菜 … 1株
にんにく … 1片
A 牛乳 … 100ml
　ローリエ … 1枚
　黒こしょう粒 … 5粒
　オリーブオイル … 大さじ1強
薄力粉 … 適量
パン粉（細かいタイプ）… 適量
卵 … 2個
揚げ油 … 適量
ライム … 適宜

【作り方】

1　じゃがいもは皮ごと蒸し器で約30分蒸す。熱いうちに皮をむいてボウルに入れてすりこぎでつぶす。

2　パセリと香菜はみじん切りにする。にんにくは芯を取って軽くつぶす。

3　鍋にたら、にんにく、Aを加えて火にかける。煮立ったら火を止めてざるに上げ（煮汁の牛乳は取っておく）、たらの骨と皮を取り除く。

4　煮汁とたらの身を鍋に戻し、へらで混ぜながら火にかける。煮汁がなくなったら1に加えて混ぜ、2を加えてさらに混ぜる。俵形に丸め、手のひらで転がすようにしてラグビーボール形に成形する。

5　バットに薄力粉、パン粉をそれぞれ入れる。ボウルに卵を割り入れ、水大さじ1（分量外）を加えてよく混ぜる。4を薄力粉、卵、パン粉の順につける。

6　揚げ油を中温（180℃）に熱し、きつね色になるまで揚げる。皿に盛り、自家製マヨネーズと好みでライムを添える。

HOW TO CARRY

人気者のコロッケはたくさん持っていくと喜ばれる。重ねてもつぶれにくいのでラフに詰め込む

◎ 自家製マヨネーズ

【材料と作り方】

❶ ボウルに卵黄2個を入れて、ボウルの下に濡れ布巾を置く。酢大さじ1を加えて泡立て器でよく混ぜる。

❷ サラダ油300mlを少しずつ加え混ぜ、全体が乳化してきたら酢大さじ1〜2と塩小さじ1を加えて混ぜ、黒こしょう少々をふる。保存瓶に移す。

スティックバナナもち & スティックガパオ

ココナッツオイルでエスニックテイストに
もちはバナナと交互に巻くと冷めてもやわらか

◎ スティックバナナもち

【 材料 】5本分

春巻きの皮 … 5枚
バナナ … 1本(正味80g)
切りもち … 1個(50g)
ピーナッツバター … 小さじ5
香菜 … 5枝
ココナッツオイル … 大さじ2

【 作り方 】

1 バナナは1cm角に切る。切りもちは1×1.5cm角に切る。

2 春巻きの皮にピーナッツバターを小さじ1ずつ塗り、香菜1枝をのせる。その上に1の1/5量を、バナナともちを交互に横1列に並べて細長く包み、巻き終わりを水溶き片栗粉(分量外)で止める。

3 フライパンに2を並べ入れ、ココナッツオイルを加えて弱火にかける。4〜5分揚げ焼きして、こんがりとしたら裏返す。さらに2〜3分焼いて網に上げ、油をきる。半分に切って器に盛り、好みで香菜(分量外)を添える。

◎ スティックガパオ

【 材料 】5本分

春巻きの皮 … 5枚
A 鶏ひき肉 … 150g
　 バジルのみじん切り
　　　… 2〜3株分(正味10g)
　 オイスターソース、ナンプラー
　　　… 各小さじ1
　 酒 … 大さじ1
ココナッツオイル … 大さじ2
バジル … 適宜

【 作り方 】

1 ボウルにAを混ぜ合わせる。

2 春巻きの皮に1を1/5量ずつのせて細長く包み、巻き終わりを水溶き片栗粉(分量外)で止める。

3 フライパンに2を並べ入れ、ココナッツオイルを加えて弱火にかける。5〜6分揚げ焼きし、こんがりとしたら裏返す。さらに2〜3分焼いて網に上げ、油をきる。半分に切って器に盛り、好みでバジルを添える。

HOW TO CARRY

パリッとした食感を残すため必ず冷めてから入れる。重ねる場合はワックスペーパーを仕切りにする

香り野菜のピンチョス2種

表面だけさっと焼いて香ばしさをプラス
パーティーのはじまりにどうぞ

◎ かぶとタコのピンチョス

【材料】 4人分・各8個分

かぶ … 1個
ゆでだこ … 小足1本（約100g）
実山椒 … 大さじ1/2
春菊 … 葉16枚
オリーブオイル … 小さじ1
塩 … 少々

【作り方】

1 かぶはくし形切りにしてオリーブオイル少々（分量外）と塩をまぶし、熱した焼き網で焼き色が付くまで表面だけ焼く。タコは一口大に切り、実山椒は刻む。

2 かぶに春菊、たこを重ねてピックで刺し、実山椒とオリーブオイルを混ぜ合わせたものをかける。

◎ ズッキーニピンチョス

【材料】 4人分・各8個分

ズッキーニ(緑、黄) … 各8cm
ミニトマト … 4個
ペコリーノチーズ
　（なければスライスチーズ）… 30g
アンチョビー … 2枚
レモン(薄切り) … 2枚
オリーブオイル、塩、こしょう … 各少々

【作り方】

1 ズッキーニはそれぞれ1cm厚さに切り、オリーブオイルと塩少々（分量外）をまぶす。熱した焼き網で焼き色が付くまで表面を焼く。チーズは3mm厚さの一口大にする。アンチョビーは8等分に切る。レモンはいちょう切りにする。ミニトマトは半分に切る。

2 ズッキーニを各色1枚ずつ重ねてチーズ、アンチョビー、レモン、ミニトマトを重ねてピックで刺す。塩、こしょうをふる。

HOW TO CARRY

着いたらすぐ食べられるようにピックで刺して持ち運ぶ。皿に並べてふわっとオーブンシートをかける

表面をさっと焼いて水けが出るのを防ぐ。時間がたっても風味を保てる

Yuki Ishiguro

野菜が主役の料理

たくさん食べてもヘルシー

トマトとゆで鶏のサラダ

余熱でしっとり仕上げた鶏肉に緑黄色野菜をたっぷりと
2種のドレッシングを添えて

【材料】4人分

- 鶏むね肉 … 1枚
- フルーツトマト … 1個
- ミニトマト … 5個
- スナップえんどう … 5〜6本
- ズッキーニ … 1/2本
- きゅうり … 縦1/2本
- モッツァレラチーズ … 1個
- A　オリーブオイル … 150ml
  - レモン汁 … 50ml
  - はちみつ … 大さじ1
  - ディジョンマスタード
        … 小さじ2と1/2
  - 塩 … 小さじ1と1/2
- B　パセリの葉 … 50g
  - ケーパー … 20g
  - オリーブ（種なし） … 20g
  - オリーブオイル … 200ml
- こしょう … 適量

【作り方】

1. 鍋に湯を沸かし、弱火で鶏肉を約5分ゆでる。火を止めてそのままおいて冷まし、食べやすい大きさに切る。
2. フルーツトマトは6等分のくし形切りにし、ミニトマトは横半分に切る。スナップえんどうはへたと筋を取ってさっと塩ゆでし、半分に開く。ズッキーニはピーラーでリボン状にし、きゅうりは皮を縞目にむいて縦半分に切り、薄めの乱切りにする。チーズは食べやすい大きさに手でちぎる。
3. ボウルに**A**を入れてよく混ぜる。ミキサーに**B**を入れてなめらかになるまで撹拌する。
4. 器に**1**、**2**を盛り、**3**のドレッシングをどちらかかけ、こしょうをふる。

HOW TO CARRY

すべて下ごしらえが終わった状態で食材別に密閉容器に詰めて。盛り付けは着いてから

Kiyomi Kobori

チャプチェ

ごま油の香りが食欲を刺激
食材は別々に炒めて風味よく

【 材料 】4人分

いか … 1ぱい
韓国春雨(なければ緑豆春雨)
　… 120g
にら … 1束
玉ねぎ … 1/2個
パプリカ(赤) … 1個
ピーマン … 2個
ズッキーニ … 1/2本
きくらげ(生) … 100g
※乾燥タイプのものは水でもどしておく
サラダ油 … 小さじ5
塩 … 適量
A［しょうゆ大さじ1と1/2　砂糖小さじ1と1/2　白すりごま小さじ1　ごま油小さじ1　にんにく(すりおろし)小さじ1/4］
B［しょうゆ大さじ2と1/3　砂糖大さじ1　ごま油大さじ1　酒小さじ2　白すりごま小さじ1　にんにく(すりおろし)小さじ1/4］

【 作り方 】

1　いかはワタとげそを除いてよく洗い、ペーパータオルで水けを拭き取る。胴は半分に開いてからさらに縦半分に切り、1cm幅の細切りにする。げそは食べやすい大きさに切る。

2　春雨は沸騰した湯で約5分ゆでる。火を止めて蓋をし、そのまま約3分おいたらざるに上げて水けをきる。にらは4cm長さ、玉ねぎは薄切り、パプリカとピーマンは半分に切って種を取り7mm幅の細切り、ズッキーニは5cm長さに切ってから7mm幅の細切り、きくらげは固い部分を除いて5mm幅の細切りにする。

3　別々のボウルにAとBの材料を入れてよく混ぜる。

4　フライパンにサラダ油小さじ1/2を熱し、野菜を1種類ずつ、塩少々をふって炒める。炒め終わったら、そのつどボウルやバットに入れ、次の野菜を炒める。

5　フライパンにサラダ油小さじ1を熱し、いかを炒める。色が変わったらAのたれを加えてさらに炒め、4に加える。

6　フライパンにサラダ油小さじ1を熱し、春雨を炒める。全体に油が回ったらBのたれを加えてさらに炒める。水分が飛んだら4のボウルに加えて和える。しょうゆ、ごま油各適量(ともに分量外)で味をととのえる。仕上げに白ごま適量(分量外)をふる。

HOW TO CARRY
時間がたっても味が変わりにくいので、蓋付きの容器ならどんなものでもOK

長ねぎのレモン蒸し

バターとレモンの風味を重ねれば
定番野菜の長ねぎがリッチな味わいに

【材料】作りやすい分量

長ねぎ … 3本
レモン … 1/2個
A バター … 20g
　塩 … 小さじ1
　水 … 100mℓ
ピンクペッパー … 適宜

【作り方】

1. 長ねぎの白い部分は8cm長さに切る。青い部分は斜め薄切りにする。レモンは3〜4mm厚さの輪切りにする。
2. 厚手の鍋に、**1**と**A**を入れて火にかける。煮立ったら蓋をして火を弱め、10〜15分蒸し煮にする。仕上げに好みでピンクペッパーをふる。

HOW TO CARRY

煮汁ごと蓋付きの密閉容器に入れる。ピンクペッパーは別に持参し、盛り付けの際にふる

並べたねぎにバターと水をふりかけ火にかける。少ない水分でねぎの甘みを引き出す

RECIPE MEMO >>>

弱火でじっくりと蒸し煮にして長ねぎの甘みを引き出すのがポイント。ストウブなどの厚手の鍋で作ると野菜から出る水分や旨味を逃がすことなく調理できます。シンプルな料理なので、レモンで華やぎを添えることも忘れずに。

にんじんのポタージュ

じっくり炒めてにんじんの甘みを引き出します
絶妙なとろみがたまらない冷製スープ

【 材料 】4人分

にんじん … 2本(約300g)
クミン(ホール) … 小さじ1/2
A ごはん … 30g
　牛乳 … 250mℓ
　塩 … 小さじ1/2
オリーブオイル … 大さじ2
水 … 100mℓ

◎トッピング
バゲット … 適量
ミント … 1パック
香菜 … 2〜3株
オレンジ … 1個
バター … 適量

【 作り方 】

1　にんじんは薄い輪切りにする。

2　鍋にオリーブオイルとクミンを入れて弱火にかける。クミンが膨らんで香りがしてきたら1を加えてじっくり炒める。にんじんがやわらかくなったら水を加えて蓋をし、弱火で10分煮る。火を止め、粗熱を取る。

3　2にAを加えてミキサー(またはハンドブレンダー)でペースト状にし、冷蔵庫で冷やす。

4　3を器に盛り、バターをぬって焼いたバゲット、ミントの葉、刻んだ香菜、一口大に切ったオレンジを添えていただく。

HOW TO CARRY

写真のような深さのある蓋付き容器があると便利。バゲットは油じみが気になるので、ワックス加工してある袋に入れる

炒めたにんじんにごはんを少し加えると、しっかりととろみがつき冷めてもおいしい

Shiori Setoguchi

保存容器で作るスイーツ

持ち運び簡単

ベイクドチーズケーキ

ふたつのチーズを使った濃厚な生地を
オーブンの余熱でしっとりと焼き上げます。

【材料】

24×18×高さ4cmのホーローバット1台分

- クリームチーズ … 300g
- サワークリーム … 130g
- A
  - グラニュー糖 … 65g
  - バター … 35g
  - ブラウンシュガー(なければ砂糖) … 35g
- B
  - 卵 … 1個
  - 卵黄 … 2個分
- バニラビーンズ … 1/2本
- コーンスターチ … 10g
- 塩 … 少々

【作り方】

1. クリームチーズ、サワークリーム、バター、卵はすべて室温にもどす。ホーローバットにオーブンシートをしく。

2. ボウルに**A**を入れて白っぽくなるまで泡立て器で混ぜる。混ぜ合わせた**B**、バニラビーンズを少しずつ加えてその都度均一になるまでよく混ぜる。コーンスターチ、塩を加えて粉っぽさがなくなるまで混ぜる。

3. ホーローバットに**2**を流し入れて160℃のオーブンで1時間焼く。そのままオーブンの中で粗熱を取る。冷蔵庫で冷やしてから切り分ける。

HOW TO CARRY

切り分けるのは完全に冷めてから。くずれないように紙をしいたまま持っていくのがベター

3

容器の大きさに合わせて切り目を入れたオーブンシートをしく

ゆるゆる寒天

季節のフルーツを閉じ込めて涼やかに
フルーツはパイナップルやブルーベリーでも

【材料】4人分

棒寒天 … 2g
アメリカンチェリー … 80g
いちじく … 1〜2個
A 水 … 500mℓ
　砂糖 … 50g
　梅酒(梅シロップ) … 大さじ1
黒蜜 … 適量

◎ 黒蜜
【材料と作り方】

鍋に黒糖80g(かたまりの場合はつぶす)と水100mℓを入れて、火にかける。煮立ったら弱火にして、黒糖が溶けたら火を止めて、水飴大さじ2〜3を加えて混ぜる。冷めたら保存瓶に移す。

【作り方】

1 ボウルに棒寒天とたっぷりの水を入れて約3時間おく。ざるに上げて水けをきり、適当な大きさに手でほぐす。

2 アメリカンチェリーは半分に切って種を取り除く。いちじくは皮をむいて一口大に切る。

3 鍋に1とAを入れて火にかける。煮立ったら弱火にし、へらで混ぜながら寒天が溶けて透明になるまで煮る。火を止め、そのまま粗熱を取る。

4 保存容器に2のアメリカンチェリー、いちじくを順に入れ、3を茶漉しで漉しながら静かに注ぎ入れる。冷めたら冷蔵庫で冷やす。

5 皿に盛り、黒蜜をかけていただく。

HOW TO CARRY

黒蜜と、もしあれば保冷剤も一緒にクロスに包んでひとまとめにすると持ち運びしやすい

果物が浮いてこないよう、できるだけ静かに寒天液を注ぎ入れる

Shiori Setoguchi

ブルーベリーと
ヨーグルトクリームの
スコップケーキ

ヨーグルトクリームでさっぱりと
冷凍のブルーベリーで手軽に作れます

【材料】18cm角型1台分

スポンジケーキ（18cm丸型）… 1台分
ヨーグルトクリーム
 ┌ ヨーグルト（無糖）… 400g
 │ 生クリーム … 200mℓ
 │ 砂糖 … 大さじ5
 └ レモン汁 … 大さじ1と1/2
ブルーベリーソース
 ┌ ブルーベリー（冷凍）… 100g
 └ 砂糖 … 大さじ2
レモン汁 … 小さじ1
ピスタチオ … 適宜

【作り方】

1. ヨーグルトは冷蔵庫で一晩水きりして約半量にする。

2. ブルーベリーソースを作る。耐熱ボウルにブルーベリーと砂糖を入れ、ラップをしないで約3分加熱する。取り出して砂糖を溶かしながらブルーベリーを軽くつぶし、さらに約2分加熱する。レモン汁を加えて混ぜ、冷ます。

3. ヨーグルトクリームを作る。ボウルに生クリーム、砂糖を入れ、泡立て器で八分立てにする。1、レモン汁を加えて混ぜる。

4. スポンジケーキは厚さ半分に切る。型にスポンジケーキを1枚しき、2の半量、3の半量を塗る。これをもう一度繰り返し、好みで刻んだピスタチオを飾る。

◎ スポンジケーキ

【材料と作り方】
直径18cm丸型1台分

1. ボウルに卵3個を割り入れてほぐし、砂糖80gを加えて混ぜる。生地がリボン状に落ちるまでしっかりと泡立てる。無塩バター20gは湯せんで溶かしておく。

2. 1にふるった薄力粉100gをふり入れ、切るように混ぜる。粉っぽさが残っている状態でバターを回し入れ、さっくりと混ぜる。オーブンペーパーをしいた型に流し入れ、160℃のオーブンで30分焼く。

3. 竹串を刺してみて生地がついてこなければ焼き上がり。網にのせて冷ます。

HOW TO CARRY

何層にも重なった断面が魅力のケーキなので、できれば蓋付きのガラス容器に入れて

Kana Yagi

グレープフルーツのクラフティ

ふんわりと甘い生地と、ほろ苦い
グレープフルーツを一緒に焼き上げます

【材料】

19×23×5cmの容器1個分

グレープフルーツ（黄）（ピンク）
　　… 各1個
卵 … 3個
グラニュー糖 … 100g
薄力粉 … 40g
A 牛乳 … 200mℓ
　 生クリーム（乳脂肪分35％）
　　　 … 150mℓ
　 ラム酒（あれば）… 大さじ1
無塩バター … 15g

【作り方】

1　グレープフルーツは小房に分けて、薄皮をむく。

2　ボウルに卵を割り入れてほぐし、グラニュー糖を加えすり混ぜる。さらに薄力粉を加え混ぜる。

3　2にAを加え混ぜる。

4　耐熱の容器にバターを塗り、3をざるで漉しながら注ぎ入れる。1をバランスよく並べる。

5　190℃に熱したオーブンで約40分焼く。

HOW TO CARRY

焼き上がってすぐに蓋をすると蒸気でふやけてしまうので、必ず冷やしてから蓋を

RECIPE MEMO >>>

クラフティは、フランス・リムーザン地方の伝統菓子。カスタードプリンに似た甘い生地と果物を一緒に焼き上げます。フランスではさくらんぼやブルーベリーを使うのが一般的ですが、今回はほろ苦いグレープフルーツを使ってさわやかに。2色使うと見た目もより華やかです。

4

型にバターを塗る。油分で生地が容器から離れやすくなり、香りもうつる

Yuki Ishiguro

ベイクスイーツ

残った分はおみやげに

紅茶のマドレーヌ

フレッシュなレモンのアイシングでおめかし
紅茶の香りが口いっぱいに広がります

【材料】8〜10個分

薄力粉 … 50g
ベーキングパウダー … 小さじ1/2
A ┌ 茶葉 … 5g
　└ 湯 … 大さじ1
B ┌ 卵 … 1個
　│ グラニュー糖 … 35g
　│ きび砂糖 … 15g
　└ レモンの皮 … 1個分
C ┌ クランベリー … 30g
　│ カレンズ(またはレーズン) … 20g
　└ キルシュ(あれば) … 小さじ2
無塩バター … 60g

【作り方】

1 薄力粉とベーキングパウダーは合わせてふるう。バターは湯せんにかけて溶かし、粗熱を取る。

2 小さな容器にAを合わせてしばらくおき、茶葉を蒸らす。

3 ボウルにB、2を入れて泡立て器で混ぜる。全体が混ざったら、1の粉類を加え、粉っぽさがなくなるまで混ぜ合わせる。バターを2〜3回に分けて加え、その都度よく混ぜ合わせる。全体がなめらかになったらCを加えて軽く混ぜ合わせる。

4 型の八分目まで3を流し入れ、170℃のオーブンで15〜18分焼く。型から外して粗熱を取り、半量にアイシング(下記参照)をつける。

◎ レモンアイシング

【材料と作り方】

ボウルに粉糖50gをふるい入れてレモン汁小さじ1と1/2を加え、ゴムべらでとろりとするまで混ぜる(**a**)。

HOW TO CARRY

油じみしやすいのでオーブンシートをしいたかごに詰めて。焼き立てなら蒸気でふやけないよう、蓋をせず持参

a

スプーンでたらしたときに角が立つくらいが目安。マドレーヌの半量にアイシングをつける

スパイスブラウニー

後からじわじわとくる辛さが魅力
赤ワインとも相性抜群です

【材料】21×21cmの容器1台分

薄力粉 … 150g
ココアパウダー … 50g
チョコレート(製菓用) … 100g
ドライクランベリー … 50g
ラム酒 … 50mℓ
マカダミアナッツ … 50g
無塩バター … 80g ※室温にもどしておく
きび砂糖 … 130g
卵 … 3個
カイエンヌペッパー … 小さじ1/3

【作り方】

1 型にバター適量(分量外)を塗ってオーブンシートをしく。薄力粉とココアは合わせてふるう。チョコレートは刻んで湯せんで溶かす。

2 ボウルにクランベリー、ラム酒を入れ約15分おいてもどす。マカダミアナッツはからいりして粗く刻む。

3 大きめのボウルにバター、砂糖を入れ、泡立て器で混ぜる。白っぽくなったら卵を割り入れて混ぜ、チョコレート、ふるった粉類、カイエンヌペッパーを加えてさっくりと混ぜる。

4 粉っぽさが残っているうちに2のクランベリーを汁ごと、マカダミアナッツを加え、へらで全体を切るように混ぜる。

5 型に流し入れて表面を平らにならし、型を少し持ち上げて台に軽く落とし、空気を抜く。

6 160℃のオーブンで約40分焼く。竹串を刺して生地が付いてこなければ焼き上がり。

HOW TO CARRY

正方形に切り分けてひとつずつオーブンペーパーなどで包む。リボンで結ぶとおみやげに最適

Shiori Setoguchi

ココナッツのスノーボール

ほろほろとくずれる食感が特徴
少ない手順で簡単に作れるのもうれしい

【 材料 】25個分

A 薄力粉 … 100g
　バター … 50g
　ココナッツファイン … 50g
　砂糖 … 小さじ1
　塩 … ひとつまみ
粉糖 … 30g

【 作り方 】

1　フードプロセッサーにAの材料を入れて撹拌する。ラップでぴっちりと包み、冷蔵庫に約1時間おく。

2　1を25等分して直径約2cmに丸め、オーブンシートをしいた天板に並べる。

3　170℃のオーブンで約25分焼く。網にのせて粗熱を取り、しっかり冷めたら粉糖をまぶす。

HOW TO CARRY

お菓子の空き缶は持ちよりの際に重宝。このまま食卓に出してもかわいい

RECIPE MEMO >>>

ココナッツファインとは、ココナッツの果肉を粉末にて乾燥させたもので製菓材料店で購入可能です。ケーキやクッキーに入れると、ほろほろとくずれるような食感に焼き上がります。また、アイシングクッキーのトッピングに活用しても。ココナッツ特有の甘い香りを楽しみましょう。

ほろっとした食感にするため、小さめに成形するのがポイント

りんごとブルーチーズのマフィン

りんごをバラに見立てて華やかに
チーズの風味がクセになるおつまみスイーツ

【 材 料 】

直径5cm、高さ4cmの
カップ10個分

りんご（できれば紅玉）
　…1と1/4個
ブルーチーズ…70g
無塩バター（室温にもどしておく）
　…120g
砂糖…100g
溶き卵…1個分
A 薄力粉…200g
　ベーキングパウダー
　　…小さじ2
牛乳…100mℓ
黒こしょう…少々

【 作り方 】

1. りんご1個は皮付きのまま縦4等分に切って、2～3mm厚さの薄切りにする。耐熱皿に並べてラップをかけ、電子レンジで1分～1分30秒加熱する。キッチンペーパーで水けを拭き取る。4～5枚を少しずらして横1列になるように並べ、端から巻く。

2. 残りのりんごは縦半分に切り、芯を除いて5mm厚さのいちょう切りにする。ブルーチーズは手で細かくちぎる。

3. ボウルにバターを入れ、泡立て器で混ぜる。クリーム状になったら砂糖を加え、白っぽくなるまですり混ぜる。溶き卵を3～4回に分けて加え、そのつどよく混ぜる。

4. 3に**A**を合わせて1/3量ふるい入れ、ゴムべらで切るように混ぜる。牛乳1/3量を加えて同様に混ぜる。これをあと2回繰り返し、そのつど切るように混ぜる。

5. 4に、いちょう切りにしたりんご、ブルーチーズ、黒こしょうを加え、さっくりと混ぜ合わせる。10等分にしてカップに入れ、**1**のりんごを飾って190℃のオーブンで約20分焼く。

HOW TO CARRY

透明の袋に入れたらひもで口をしばる。ひもとカップの色をそろえると統一感が出る

少しずらして並べたりんごをくるくると巻いてバラに見立てる。中央にのせる

Yuki Ishiguro

COLUMN (2)

スマートに料理を持参して、持ちより上手に

せっかく作った料理はおいしく、素敵に持参して、メンバーに喜んでもらいましょう。
知っておくと便利な持ちよりアイデアを紹介します。

IDEA.01

密閉性の高い容器で汁もれゼロ

汁けがあるもの、においが強いものは必ず密閉容器に入れて。ホーローやガラス製のものはそのままテーブルに出しても見劣りしないので便利。ジャムの空き瓶などを取っておくと、ドレッシング類を入れるのに重宝します。

食材は蓋付き容器、ドレッシングは空き瓶に、ゆで鶏はファスナー付き袋に。上手に使い分けて

ホーロー容器に並べ入れたマリネは、そのまま食卓に並べても見栄えよし。お皿を借りられないときにもおすすめ

IDEA.02

"中見せラッピング"でセンスよく

手みやげ風にラッピングしていくと喜ばれます。見た目がかわいい料理やお菓子は透明なセロファン袋やOPP袋に入れるだけで様になるのでおすすめ。タコ糸やマスキングテープで、さりげないアクセントを。

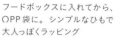

フードボックスに入れてから、OPP袋に。シンプルなひもで大人っぽくラッピング

お菓子は少量ずつラッピングしてもかわいい。マスキングテープで色味をプラス

IDEA.03

耐油性のあるワックスペーパーを活用

ワックスペーパーとは表面がワックス（蝋）加工されている耐水・耐油性に優れた薄い紙のこと。油じみが気になる揚げものなどを持ち運ぶ際に活用しましょう。ラッピングにも幅広く使えるのでひとつあると便利です。

製菓材料店、100円ショップで購入可能。シックな茶色やベージュは使い勝手がよい

トッピングに使うハーブをブーケ風に包んで持参しても

バゲットを切ってから持参するなら、ワックスペーパー製の袋を活用。ワックス加工されていて丈夫なのでそのまま持ち運べる

IDEA.04

使い捨て容器でホストの負担を軽減

汁けがないものは、使い捨てできるフードボックスに入れて持参するのがベター。その場で捨てられるので洗いものが減り、ホストの負担が軽減されます。スーパーや100円ショップでさまざまなタイプのものが購入できます。

サンドイッチを詰める際はサンドイッチ用、または浅いつくりの和菓子用容器を

マリネには耐油性のある素材で作られた取っ手付きフードボックスが便利

大きめなフードボックスに肉団子と葉野菜を一緒に詰めて、ソースは蓋付きのカールカップに

PART.3

四季の移り変わりを楽しむ
特別な日の もてなし料理

お正月やクリスマス、節句のお祝いなど
季節ごとの特別な行事には、少しだけ手間をかけて
"きちんと"おもてなしがしたいもの。
大切な人の健康や幸せを願う気持ちを
料理やテーブルコーディネートに込めましょう。

SPECIAL

お正月

新年を祝うお正月は、家族や親戚など来客が多いもの。おめでたい料理でもてなしましょう。お重に詰めない、ワンプレートおせちならお手軽です。

お煮しめ

茶碗蒸し

おもてなしのIDEA

プレートに少しずつ盛り付けて美しく

お重は詰めるのが難しいうえ、食べ進めると中身がさみしくなってきてしまうのが難点。おせちを少量盛り付けた豆皿を、いくつかプレートに並べる「ワンプレートおせち」なら取り分けの手間もいらず、食べやすい。

見栄えのよいメイン料理をひとつ用意しておく

丁寧な下ごしらえが必要となるおせち料理。数多くの種類を用意するのは大変なので、ボリュームのあるメイン料理を1品用意しましょう。シックな皿に盛り付けて、料理を引き立てて。

祝いばしでいただきましょう

おせちは「年神様」へのお供え料理。縁起がよいとされる、先が細く加工された祝いばしでいただきましょう。食卓に置くとおごそかな雰囲気になります。祝いばしは7日まで同じものを使うとよいとされています。

106　Shiori Setoguchi

お煮しめ

家族仲良く暮らす願いを込めて
海の幸と山の幸を同じ鍋で煮込みます

【 材料 】4人分

鶏もも肉 … 2枚
干ししいたけ … 6枚
れんこん … 大1節
ごぼう … 1本
にんじん … 1本
こんにゃく … 大1個
里いも … 6〜8個
だし汁 … 1000ml
塩 … 小さじ1/4
薄口しょうゆ … 大さじ1と1/3
みりん … 大さじ1
酒 … 大さじ1

花形で型抜きし、五か所切り込みを入れる。花びらが立体的に見えるよう、表面を斜めに削るように切り取る

【 作り方 】

1 鶏もも肉は余分な脂を取り除き一口大に切る。干ししいたけはお湯でもどして、軸を切り落とす。

2 れんこんは皮をむいて1cm幅の輪切りにして水にさらす。ごぼうは包丁の背で皮をこそぎ、4cm長さに切る。にんじんは1.5cm幅の輪切りにして、梅の型で型抜きして飾り包丁を入れる。

3 鍋にこんにゃくとかぶるくらいの水を入れ、火にかける。約3分ゆでてざるに上げ、粗熱をとる。1cm幅に切って中央に縦約3cmの切り込みを入れ、その切り込みの穴にどちらか一方にくぐらせ、手綱こんにゃくを作る。

4 里いもは皮をむいて水にさらす。鍋にかぶるくらいの水とともに入れて火にかけ、沸騰したら弱火にして約5分下ゆでする。一度取り出して鍋を洗い、鍋に戻し入れる。だし汁400mlを加えて火にかける。煮立ったら弱火にして、塩、薄口しょうゆ大さじ1/3、みりん大さじ1/3を加えて竹串がすっと通るまで煮る。

5 大鍋に鶏肉半量と残りのだし汁600ml入れて火にかける。煮立ったら弱火にしてアクを取り、しいたけ、れんこん、ごぼう、にんじん、こんにゃくを入れて約20分煮る。残りの鶏肉、薄口しょうゆ、みりん、酒を加えてアクが出てきたら取り、さらに約15分煮る。火からおろし、4を加えて一緒に冷ます。

茶碗蒸し

濃いめのだし汁で味を引き締めて
最初は強火で蒸すと
すが入りづらくなります

【 材料 】4個分

鶏ささみ … 1〜2本
ゆり根 … 30g
しめじ … 30g
三つ葉 … 1株(4枚)
かまぼこ … 2cm
卵 … 2個(正味120g)
A だし汁 … 250ml
　薄口しょうゆ … 小さじ2
　塩 … 小さじ1/4

【 作り方 】

1 鶏ささみは筋を取ってそぎ切りにし、薄口しょうゆ小さじ1/2(分量外)に漬けておく。

2 ゆり根は蒸し器で約2分蒸す。しめじは石づきを取ってほぐし、三つ葉は茎から下を切り落とす。かまぼこは5mm幅に切る。

3 卵液を作る。ボウルに卵を割り入れてほぐし、Aを加えて、さらに混ぜる。

4 器に1、ゆり根、しめじ、かまぼこを入れて卵液をこしながら静かに注ぎ入れる。三つ葉をのせて蓋をし、蒸し器で強火で1分、弱火にして約8分蒸す。

松前漬け

漬け汁は必ず冷蔵庫で冷やして
数の子に熱が入りすぎるのを
ふせぎます

【 材料 】 4人分

かずのこ（塩蔵）… 3腹
にんじん … 1本
昆布（細切り）… 40g
するめ（細切り）… 50g
A　しょうゆ … 大さじ3
　　水 … 大さじ3
　　酒、みりん … 各大さじ2
　　赤唐辛子 … 1〜2本

【 作り方 】

1　ボウルにかずのこがかぶるくらいの水を入れて一晩おく。時々水を入れ替える。塩抜きしたら薄皮をむいて4等分に分ける。

2　にんじんは皮をむいて細切りにし、沸騰した湯で約30秒ゆでる。ボウルに昆布を入れてかぶるくらいの水を加えて約15分おいて戻す。ざるに上げ、長いようなら5cm長さに切る。別のボウルにするめとかぶるくらいの水を入れて同様に戻す。ざるに上げて水けをきる。

3　鍋にAを入れて火にかける。煮立つ直前で火を止めて保存容器に移し、冷ます。

4　3に1、2を加えて冷蔵庫で一晩漬ける。

黒豆

「まめに働き、まめ（健康）に
暮らせるように」という願いを込めて

【 材料 】 4人分

黒豆 … 300g
A　水 … 1500ml
　　砂糖 … 100g
　　しょうゆ … 大さじ1
　　塩、重曹 … 各小さじ1/2
砂糖 … 100g

【 作り方 】

1　鍋にAを入れて火にかけ、煮立ったら火を止める。洗った黒豆と錆びたくぎなどを加えて蓋をして一晩おく。

2　黒豆がふっくらと戻ったら火にかける。煮立ったら弱火にしてアクを取る。

3　オーブンシートなどを表面にぴったりと貼り付けて落とし蓋をし、ごく弱火で2〜3時間煮る。

4　豆が指で押してつぶれるほどになったら、砂糖を加えて煮溶かす。火を止めてくぎを取り、そのまま冷まして味を含ませる。

田作り

豊作祈願の料理とされています
ごまめは必ず頭尾付きのものを
使いましょう

【 材料 】 4人分

ごまめ … 60g
A　酒 … 100ml
　　砂糖 … 大さじ2
　　しょうゆ … 大さじ1と1/3

【 作り方 】

1　フライパンにごまめを入れて弱火で3〜5分ほどいる。ごまめに少し焼き色がついたら取り出してバットに移して冷ます。

2　フライパンにAを入れて火にかける。ゴムべらで混ぜながら出てきた泡が大きくなったら1を加える。火を止めてよくからめる。

3　バットにオーブンシートをしいてごまめを広げながら出してそのまま冷ます。

3月3日 桃の節句

女の子のすこやかな成長を祝う行事です。縁起がよいとされるれんこんやえびをふんだんに使ったちらし寿司を主役に。春らしいテーブルコーディネートでまとめましょう。

ちらし寿司

おもてなしのIDEA

ちらし寿司を食卓の中心に
桃の節句の料理といえばちらし寿司が定番。飯台に盛り付ければ特別な雰囲気に。卵、絹さや、えび、イクラなど発色豊かな食材をあしらいましょう。すべての具材が見えるように盛り付けるのがポイント。

ピンクをテーマカラーに
桃の花をイメージしたピンクをベースにしてテーブルコーディネートを考えましょう。テーブルクロスのほか、食材、皿にもさりげなくピンクをしのばせて、女の子が喜ぶ春らしい食卓に。

春を感じさせる食材を使って
いちごや菜の花などの旬の食材をメインにした料理を並べて、食卓に季節感を出しましょう。旬の食材はその季節限定のごちそう。旨味や栄養が豊富で簡単な調理でもおいしくなるので、副菜に活用を。

いちごムース

菜の花とスティックセニョールのおひたし

はまぐりのお吸い物

八幡巻き

ちらし寿司

具材はひとつひとつ
丁寧に下ごしらえを
色合いを意識しながら
盛り付けましょう

【 材料 】 4人分

米 … 3合
干ししいたけ … 6枚
A だし汁 … 100mℓ
　酒 … 大さじ1
　みりん … 大さじ1
　しょうゆ … 小さじ1/2
　塩 … 小さじ1/4
絹さや … 8枚
れんこん … 80g
B だし汁 … 1/2カップ
　酢 … 1/4カップ
　砂糖 … 大さじ1
　塩 … 小さじ1/2
えび … 6尾

C しょうゆ、みりん
　　… 各大さじ1
　砂糖 … 大さじ1/2
卵 … 2個
D 砂糖 … 小さじ2
　塩 … 少々
　水 … 大さじ1
E 酢 … 大さじ4
　砂糖 … 大さじ1と1/2
　塩 … 小さじ1
白いりごま … 大さじ1
イクラのしょうゆ漬け
　… 大さじ3
桜でんぶ … 適量
片栗粉、酒 … 各適量
サラダ油 … 少々

【 作り方 】

1　ボウルに干ししいたけと400mℓの水を入れて3時間おき、戻す。戻し汁は取っておく。

2　米は洗って浸水し、ざるに上げる。炊飯器の内がまに米を入れてすし飯の目盛りまで水を加え、炊く。小鍋にAを入れて一煮立ちさせる。

3　絹さやはさっと塩ゆでしてひし形に切る。れんこんは薄切りにして鍋に入れ、Bを加えて火にかける。煮立ってから1～2分したら火からおろす。えびは殻をむき、背ワタを取って片栗粉と酒でもんで約5分おき、さっと洗って塩ゆでする。ボウルに入れて2のAを加えて冷ます。

4　小鍋に干ししいたけ、しいたけの戻し汁200mℓ、Cを入れ、火にかける。汁けがなくなるまで約10分煮る。粗熱が取れたら細切りにする。

5　ボウルに卵を割りほぐし、Dを混ぜる。フライパンにサラダ油を熱し、薄焼き卵を焼く。粗熱が取れたらせん切りにして錦糸卵にする。

6　炊きたてのご飯を飯台に移して混ぜ合わせたEを回し入れる。しゃもじで切るように混ぜる。4のしいたけ、白いりごまを加えてさらに混ぜる。絹さや、れんこん、えび、錦糸卵、イクラ、桜でんぶを彩りよく飾る。

八幡巻き

にんじんといんげんを桃の花に見立てて
フライパンひとつで作れる手軽さもうれしい

【 材料 】 4人分

鶏もも肉 … 2枚
にんじん … 2/3本
いんげん … 6本
だし汁 … 100mℓ
酒 … 大さじ2
A しょうゆ、みりん
　　… 各大さじ2
　砂糖 … 大さじ1
塩、こしょう … 各適量
サラダ油 … 少々

【 作り方 】

1　鶏もも肉は余分な脂を取り除き、厚い部分に切り込みを入れて厚みを均一にする。にんじんは、いんげんと太さ、長さが揃うように細長く切る。ともに塩ゆでする。

2　鶏肉の手前ににんじん、いんげんを並べて端から巻き、たこ糸で縛る。表面に塩、こしょうをすり込む。

3　フライパンにサラダ油を熱し2を転がしながら焼く。全面に焼き色をつけ、余分な脂をキッチンペーパーで拭き取る。だし汁、酒を加えて蓋をし、火を少し弱めて7～8分蒸し焼きにする。

4　蓋を外してAを加え、とろみがつくまで転がしながら煮からめる。

5　たこ糸を外し、食べやすい大きさに切る。

広げた鶏肉ににんじんを三角形になるように並べる。それぞれの角にいんげんを置き、包む。タコ糸で巻いてから焼く

菜の花とスティックセニョールのおひたし

春の訪れを感じさせてくれる一品
子どもには苦みの少ないスティックセニョールを使って

【 材料 】 4人分

菜の花 … 1/2束
スティックセニョール … 6本
A だし汁 … 200mℓ
　 しょうゆ … 小さじ4
しょうゆ … 小さじ1
かつお節 … 適量

【 作り方 】

1 菜の花は沸騰した湯で1〜2分ゆでて水にとり、水けをしぼる。4cm長さに切ってボウルに入れ、しょうゆで和え、もう一度水けをしぼる。

2 スティックセニョールはさっと塩ゆでする。4cm長さに切って軸の部分を縦半分に切る。ふたつのボウルに混ぜ合わせた**A**を半量ずつ入れて**1**、**2**をそれぞれ加えて和える。

3 それぞれ器に盛り、かつお節を盛る。

はまぐりの お吸い物

必ず対になっているはまぐりの貝殻に
「運命の人と添い遂げられるように」
と願いを込めて

【 材料 】 4人分

はまぐり … 12個(200g)
水 … 600mℓ
昆布 … 5cm
A［塩、しょうゆ … 各小さじ1/2〜］
三つ葉 … 適宜

【 作り方 】

1 はまぐりは殻をこすり合わせて洗い、海水程度の塩水(水200mℓに塩小さじ1が目安)に3時間〜一晩浸して砂出しする。

2 鍋に水、昆布を入れて30分〜一晩おく。

3 鍋に**1**を入れて火にかける。煮立ったら昆布を取り出してアクを取り、はまぐりの口が開いたら味をみて**A**を加える。

4 椀によそい、一つ貝の上に身をふたつ置く。好みで三つ葉を散らす。

いちごムース

春らしい色みが
かわいらしいデザート

【 材料 】 4人分　約450mℓ

いちご … 150g(1/2パック)
粉ゼラチン … 5g
牛乳 … 100mℓ
水 … 大さじ2
砂糖 … 30g
レモン汁 … 大さじ1
A 生クリーム … 100mℓ
　 砂糖 … 10g

【 作り方 】

1 小さいボウルに水を入れてゼラチンをふり入れ、ふやかす。

2 いちごはミキサーにかけてなめらかになるまで撹拌する。レモン汁を加えて混ぜる。

3 小鍋に牛乳を入れて沸騰直前まで温める。火からおろして**1**を加え、ゼラチンが溶けたら砂糖を加えて溶かす。

4 ボウルに**A**を入れて底を氷水に当てながら泡立て器で混ぜ、八分立てにする。**3**に加えて混ぜ合わせる。

5 **4**を器に流し入れ、冷蔵庫で3時間以上冷やす。

端午の節句
5月5日

中華ちまき

古くに中国から伝わった、男の子の成長を祝う行事。出世魚であるブリや、ぐんぐんとまっすぐ伸びることから縁起がよいとされているたけのこ料理を並べてお祝いしましょう。

柏もち

おもてなしのIDEA

**こいのぼりモチーフは
さりげなく**

端午の節句に欠かせないこいのぼり。大人も子どもも集まる会なら、こんなふうにさりげなくモチーフをしのばせて。カットするだけの簡単アイディアですが、野菜嫌いの子どもたちにも喜ばれます。

**竹皮や柏の葉を使って
本格的な見た目に**

なじみのある料理や味も、あしらいを変えるだけでおもてなしの食卓に合う、特別な雰囲気に。ちまきは竹皮を、柏もちは柏の葉を巻いて本格的な見た目に仕上げましょう。製菓材料店などで入手可能です。

**男の子が喜ぶ
ボリュームおかずを**

食べ盛りの男の子がいるなら、炒めものや揚げものなどボリュームがあるおかずを並べ、満足感の高いメニュー構成に。しょうゆやオイスターソースを使って、とことんごはんに合う味にするのもおすすめです。

ぶりカツ

こいのぼり野菜スティック

たけのこの
オイスター肉巻き

中華ちまき

肉、えび、きのこの旨味が
よく染み込むようじっくり蒸しましょう

竹皮は端から約10cmのところで少しずらして折り、片側を開いて三角形のポケットを作る。そこにスプーンで具を詰める。

【 材 料 】 作りやすい分量・10個分

もち米 … 2合
豚肩ロース肉 … 150g
A 干ししいたけ … 2枚
　水 … 100mℓ
B 干しえび … 大さじ1
　水 … 50mℓ
C しょうゆ、酒 … 各大さじ1/2
たけのこ … 80g
にんじん … 50g
D A、Bの戻し汁と水
　　… 合わせて300mℓ
　酒 … 50mℓ
　しょうゆ、オイスターソース
　　… 各大さじ1
ごま油 … 大さじ1

【 作り方 】

1 もち米は洗ってたっぷりの水に浸け、一晩おきざるに上げて水けをきる。A、Bもそれぞれ浸けて一晩おく。戻し汁は捨てずに取っておく。

2 豚肉は1cm角に切り、Cをもみ込む。たけのこ、にんじんは8mm角に切る。戻した干ししいたけ、干しえびはみじん切りにする。

3 フライパンにごま油を熱し、豚肉を炒める。肉の色が変わったらもち米、2を加える。もち米が透き通ってきたらDを加えて、焦げないように混ぜながら水分がなくなるまで7〜8分炒め煮にする。

4 3の粗熱が取れたら竹皮に詰めて包み、蒸し器で30分蒸す。

柏もち

子孫繁栄の意味が込められた
柏の葉で包んでいただきます

【 材 料 】 4人分

こしあん（市販）… 120g
A 上新粉 … 160g
　砂糖 … 20g
　水 … 240mℓ
柏の葉 … 4枚

【 作り方 】

1 あんは4等分して丸めておく。

2 耐熱ボウルにAを入れ、泡立て器でよく混ぜる。ラップをふんわりとかけ、電子レンジで4分加熱する。

3 やけどに注意して取り出してゴムべらで練り、再びラップをして電子レンジで3分加熱する。ゴムべらでなめらかになるまで練る。

4 3を4等分し、手に水をつけて楕円形に伸ばし、あんをはさむ。かしわの葉で包む。

たけのこのオイスター肉巻き

たけのこを甘辛く焼いて
ごはんがすすむ味に

【 材料 】 4人分

牛薄切り肉 … 200g
たけのこ(水煮) … 150g
酒 … 大さじ1
A　しょうゆ、酒、みりん
　　　… 各大さじ1
　　オイスターソース … 大さじ1/2
塩、こしょう … 各適量
薄力粉 … 適量
サラダ油 … 少々
木の芽 … 適宜

【 作り方 】

1　たけのこは8mm厚さの薄切りにする。

2　牛肉は塩、こしょうをふり、薄力粉をまぶす。牛肉を広げて手前に**1**をのせ、端から巻く。

3　フライパンにサラダ油を熱し、**2**を巻き終わりを下にして並べ入れる。全体に焼き色がついたら、酒を回し入れて蓋をし、2〜3分蒸し焼きにする。**A**を回し入れて煮からめる。

4　器に盛り、好みで木の芽を飾る。

こいのぼり野菜スティック

立身出世を期して飾るこいのぼりを
カラフル野菜で作って食卓に

【 材料 】 4人分

きゅうり … 1本
にんじん … 1/2本
パプリカ(黄) … 1/2個
絹ごし豆腐 … 200g
A　クリームチーズ … 70g
　　砂糖 … 小さじ1
　　塩 … 小さじ1/2
B　マヨネーズ … 大さじ3
　　コチュジャン … 大さじ1/2
　　にんにく(すりおろし) … 少々

野菜の端の片方に三角形の切れ目を入れて、魚の尾びれに見立てる

【 作り方 】

1　豆腐はペーパータオルに包んで、バットにのせ、豆腐の上に重しをのせて1時間以上おく。

2　野菜は1cm太さのスティック状に切り、数本の端にV字の切り込みを入れてこいのぼりに見立てる。

3　ボウルに**1**を入れ、泡立て器でなめらかになるまで混ぜる。**A**を加えてさらになめらかになるまで混ぜる。別のボウルに**B**を混ぜ合わせる。

4　皿に野菜を盛り、それぞれのソースをつけながらいただく。

ぶりカツ

ぶりは出世魚の象徴
味付けはしょうゆと酒でシンプルに

【 材料 】 4人分

ぶり(刺身用・さく) … 300g
A　しょうゆ、酒 … 各大さじ1
　　しょうが汁 … 1片分
薄力粉、卵、パン粉 … 各適量
揚げ油 … 適量

【 作り方 】

1　ぶりは一口大に切り、ボウルに入れる。**A**を加えて約15分おく。

2　**1**の水けをキッチンペーパーで拭いて薄力粉、卵、パン粉を順につける。揚げ油を中温(180℃)に熱し、きつね色になるまで揚げる。

行楽弁当

運動会や遠足、そしてピクニック。秋はイベントが目白押しです。お重に色とりどりのおかずをぎゅぎゅっと詰めたにぎやかな行楽弁当を持ってお出かけしませんか？

モザイクお重ごはん

おもてなしのIDEA

白木のお重は
カジュアル使いにぴったり

お重というとかしこまったシーンで使うイメージがありますが、白木のお重は扱いやすく、普段づかいに最適です。持ち歩く際には、ひもをかけて、蓋がはずれないように注意しましょう。

行楽弁当は取り分けやすく、
食べやすいおかずを

外で食べる行楽弁当には、食べやすいおかずを詰めるのが鉄則。手でもぱくっとつまめるよう、形にもひと工夫をしましょう。食べるのが楽しくなるようなカラフルな見た目にすることも大切です。

デザートは常温でも
おいしいものを

おかずはもちろん、デザートも、常温でもおいしいものを用意しましょう。コーヒーゼリーに使ったアガーは常温でも型くずれせず、味が落ちないのが特徴。P.100〜103で紹介しているベイクスイーツを持参しても。

モザイクお重ごはん

色とりどりの具材をます目状に詰めて
どこを食べても楽しい、バラエティーに富んだ味に

【材料】4人分

ごはん … 600g
新しょうがの甘酢漬け(市販) … 50g
新しょうがの甘酢漬けの汁
　… 大さじ1
右記の各具材 … 適量

【作り方】

1　ボウルにごはん、粗く刻んだしょうがの甘酢漬け、漬け汁を入れて混ぜる。お重に平らになるようにしき詰める。

2　卵焼き、牛肉の実山椒煮、ミニトマトとラディッシュのごま和え、小松菜のナムル、ゆでえびをモザイク状になるようにしてバランスよくのせる。

◎ 卵焼き
【材料と作り方】

ボウルに卵2個を割りほぐしてA(砂糖小さじ1、塩2つまみ)と水溶き片栗粉(片栗粉、水ともに小さじ1/4)を加えて混ぜる。5mmの厚さに焼いて1.5cmの角切りにする。

◎ ミニトマトと
　ラディッシュのごま和え
【材料と作り方】

ミニトマト5個は半分に切る。ラディッシュ3個は葉を切り落として薄切りにする。A(すりごま小さじ1、めんつゆ(3倍濃縮タイプ)小さじ1/4)と和える。

◎ ゆでえび
【材料と作り方】

えび4尾は背ワタを抜き、塩、酒(ともに適量)を加えた湯で色が変わるまでゆでる。殻をむいて厚さ半分に切る。

◎ 牛肉の実山椒煮
【材料と作り方】

フライパンに牛切り落とし肉100gを入れて火にかけ、色が変わってきたらA(実山椒の塩漬け小さじ1/2、酒大さじ1、しょうゆ大さじ1/2、みりん小さじ1、砂糖小さじ1/2)を加える。汁けがなくなるまで炒め煮にする。

◎ 小松菜のナムル
【材料と作り方】

小松菜4株はさっと塩ゆでして冷水に取る。しっかり冷えたらよく水けをきってしぼり、食べやすい大きさに切る。A(にんにくすりおろし少々、ごま油小さじ1、塩小さじ1/4)と和える。

黒糖コーヒーゼリー

アガーを使えば常温でも型くずれなし
ふるふるとろけそうな食感が特徴

【材料】

4人分・150mlの容器4個分

濃いめのコーヒー
　… 600ml
A　黒糖 … 80g
　　アガー … 15g
ブランデー … 大さじ1/2
ポーションミルク(市販)
　… 4個

【作り方】

1　Aを混ぜ合わせる。

2　鍋にコーヒーを沸かして弱火にし、1を加え混ぜ、溶けたら火を止めてブランデーを加える。

3　カップに流し入れて粗熱がとれたら、冷蔵庫に入れて冷やす。ポーションミルクをかけていただく。

豚肉のカラフルロール

お弁当おかずは見た目も肝心
色鮮やかな野菜を巻いて断面を美しく

【材料】 4人分

豚ロース薄切り … 8枚
紫キャベツ … 100g
にんじん … 40g
パプリカ（赤）（黄）
　… 各1/4個
粒マスタード
　… 小さじ1
A 酒 … 大さじ1
　しょうゆ、みりん
　　… 各大さじ1/2
塩、こしょう、薄力粉
　… 各少々
サラダ油 … 大さじ1/2

【作り方】

1. 紫キャベツとにんじんはせん切りにして塩少々（分量外）をもみ込み少しおく。水けをしぼる。パプリカは縦に約7mm幅に切る。

2. 豚肉は広げて塩、こしょうをふり、4枚に粒マスタードを小さじ1/4ずつ塗り、紫キャベツとにんじんをのせて巻く。残り4枚に赤、黄のパプリカを市松模様になるようにのせて巻く。

3. フライパンにサラダ油を熱し、2の巻き終わりを下にして並べ入れる。焼き色がついたら裏返して蓋をし、2〜3分蒸し焼きにする。紫キャベツとにんじんを巻いた方は取り出す。Aを加えて汁けがなくなるまで煮からめる。冷めたらそれぞれ半分に切る。

れんこんの
ゆずこしょうきんぴら

ゆずこしょうでピリッとさわやかに
さっと炒めて食感を残しましょう

【材料と作り方】

1. れんこん1節は皮をむいて約4mm厚さの薄切りにする。（大きいものは半月切りにする）。水にさらしてざるに上げ、水けをきる。

2. フライパンにオリーブオイル大さじ1を熱して1を炒める。油が回ったらA（ゆずこしょう小さじ1/2〜、酒大さじ1、みりん小さじ1/2、薄口しょうゆ少々）を加えて炒め合わせる。

里いものおかき揚げ

せんべいを衣に使って
時間がたっても香ばしく

【材料】 4人分

里いも … 6個
せんべい … 80g
かぼちゃ、にんじん
　… 各適量
A だし汁 … 400ml
　みりん … 小さじ2
　薄口しょうゆ
　　… 小さじ1
　塩 … 小さじ1/4
薄力粉 … 約大さじ2
卵白 … 1個分
揚げ油 … 適量

【作り方】

1. 里いもは厚めに皮をむいて半分に切り、塩でぬめりを取るように洗う。せんべいはビニール袋に入れて細かくなるまで麺棒などで砕く。かぼちゃとにんじんは5mm厚さの薄切りにし、好みの型で抜く。

2. 小鍋に里いもとAを入れて落とし蓋をし、火にかけて串が通るまで10〜15分煮る。煮えたら煮汁と里いもを分ける。

3. 里いもに薄力粉、卵白、1のせんべいの順に衣をつける。揚げ油を中温（180℃）に熱し、きつね色になるまで揚げる。かぼちゃとにんじんも一緒に素揚げする。

かぼちゃと
くるみの茶巾

やさしい甘さがうれしい
かぼちゃのはし休め

【材料と作り方】

1. かぼちゃ1/4個（正味300g）は種と皮を除いて一口大に切る。耐熱皿にのせてラップをかけ、電子レンジで6〜7分加熱する。
※竹串がすっと通るくらいまで加熱する。

2. 1をマッシャーでつぶしてくるみ30gとメープルシロップ大さじ3を加えて混ぜる。

3. 12等分してラップで包み、上部をひねりながら丸く整えてラップをはずす。

クリスマス

イエス・キリストの誕生を祝う日であるクリスマスの夜は、豪華な肉料理で食卓を彩ります。骨付き肉は早く焼き上がるうえ、取り分けも簡単。ワインやシャンパンと一緒に料理を楽しみましょう。

ロールケーキ

おもてなしのIDEA

クラシックな皿で
特別なディナーに

メイン料理以外の皿はクラシックな雰囲気のもので統一して、重厚なコーディネートに。料理を引き立ててくれる落ち着いた柄を選びましょう。布製のテーブルナプキンならより高級感が出ます。

万能なオーバル皿を
使えば盛り付け上手

鶏肉はまとめてオーバルの大皿に盛り付けましょう。迫力が出てより豪華な印象に。オーバル皿は盛り付けやすいのが特徴で、どんな料理も様になります。他の皿ともバランスがとりやすい、白がおすすめ。

食器の重ねワザで
より豪華に

スープ皿の下に、丸皿を重ねるとぐっと高級感が増します。ふたつとも柄ものだとバランスが取りづらいので、どちらかは無地のものを。受け皿はふた回りくらい大きいものを合わせるのがベストです。

マッシュルームの
グリーンサラダ

鶏もも肉のハーブバター焼き

ミネストローネ

鶏もも肉のハーブバター焼き

ハーブ香る、風味豊かな鶏肉と旬の野菜を一緒に焼き上げます
ハーブバターはステーキに添えても

【材料】 4人分

鶏骨つきもも肉 … 4本
ハーブバター
　無塩バター(室温にもどしておく)
　　… 100g
　ローズマリーの葉 … 2〜3本分
　パセリの葉 … 3〜4本分
　セージの葉(あれば) … 2〜3本分
　塩 … 小さじ1/2
じゃがいも … 2個
マッシュルーム … 2パック
しいたけ … 4枚
パプリカ(黄) … 1個
A オリーブオイル … 大さじ1/2
　　はちみつ … 小さじ1/2
ローズマリー … 2枝

【作り方】

1. 鶏肉は余分な脂を取り除いて骨の脇に包丁で切り込みを入れ、両面にそれぞれ塩ひとつまみずつ(分量外)ふる。じゃがいもは皮をむいて1cm幅の輪切りにする。マッシュルームは石づきを切り落とす。しいたけは石づきを切り落とし、1.5cm幅に切る。パプリカは大きめの一口大に切る。

2. ハーブバターを作る。ハーブはすべてみじん切りにする。すべての材料をよく混ぜ合わせる。

3. 1の鶏肉の皮を半分くらいまでむいて皮と身の間に2をそれぞれ等分に入れる。皮をぴんと張り、皮の表面に混ぜ合わせた**A**をはけでさっと塗る。

4. 耐熱皿にじゃがいも、マッシュルーム、しいたけ、パプリカをしき詰め、その上に2とローズマリーをのせる。

5. 200℃のオーブンで30〜40分焼く。皮目が香ばしく焼け、透明の肉汁が出てきたら焼き上がり。

皮と身のあいだにたっぷりとハーブバターを入れた鶏肉を、野菜の上にのせて焼き上げる

マッシュルームのグリーンサラダ

ほろ苦い葉野菜と
マッシュルームを合わせたフレッシュなサラダ

【材料】 4人分

ロメインレタス(なければレタス)
　… 3〜4枚
エンダイブ(あれば) … 少々
マッシュルーム … 1パック
パルメザンチーズ … 適量
レモン汁 … 小さじ1と1/2
オリーブオイル … 大さじ1
塩 … ひとつまみ
黒こしょう … 少々

【作り方】

1. ロメインレタス、エンダイブは冷水でシャキッとさせて水けをきり、食べやすい大きさに手でちぎる。マッシュルームは石づきを切り落とし、約5mm幅に薄切りにする。合わせてボウルに入れる。

2. オリーブオイルを回しかけて底から大きく全体にからむように混ぜ、塩ひとつまみ、レモン汁をかけて大きくからめる。塩適量(分量外)で味をととのえる。

3. 器に盛り、チーズをスライサーで削りながら散らし、黒こしょうをふる。

ミネストローネ

野菜の旨味だけで
仕上げた本格派
パスタを加えて
食べごたえを出します

【 材料 】 作りやすい分量・4～6人分

スパゲティーニ … 80g
白いんげん豆(乾燥) … 100g
ローリエ … 2枚
パセリの葉またはセロリの葉(あれば) … 適量
にんにく(みじん切り) … 1片分
にんじん … 1/2本
じゃがいも、トマト、玉ねぎ … 各1個
セロリ … 1本
長ねぎ … 1/2本
パルメザンチーズ … 適量
オリーブオイル … 大さじ2
塩 … 小さじ1/2
黒こしょう … 各適量

【 作り方 】

1. ボウルに白いんげん豆をたっぷりの水を入れて一晩おく。ふっくらともどったら鍋に入れて、塩ひとつまみ(分量外)とローリエ、あればパセリやセロリの葉を一緒に入れて火にかける。沸いたらアクを取り、やわらかくなるまで約30分煮る。煮汁は取っておく。

2. にんじんはみじん切りにし、じゃがいもは1cm角に切る。トマトは湯むきしてざく切りにし、セロリと玉ねぎは1cm角に切る。長ねぎは粗みじん切りにする。

3. 鍋にオリーブオイルとにんにくを入れ香りが立ったら野菜をすべて入れて塩少々(分量外)をふり、しんなりするまで炒める。

4. 2に1の豆を入れてかぶるくらいの煮汁を加える(足りなければ水を足す)。塩を加え、アクを取りながら弱火で1時間煮込む。塩少々(分量外)で味をととのえる。

5. スパゲティーニを2～3cm長さに手で折りながら加えて袋の表示時間よりやや長く煮る。

6. 器に盛り、オリーブオイル適量(分量外)をたらしてパルメザンチーズと黒こしょうをふる。

ロールケーキ

手早く混ぜ合わせて
きめ細やかな生地に
クリームを塗ったら一気に
勢いよく巻くのがコツ

【 材料 】 26cm×26cmの天板1台分

卵 … 6個
グラニュー糖 … 20g
薄力粉 … 50g
きび砂糖 80g
バター … 50g
ホイップクリーム
　生クリーム … 300ml
　砂糖、コンデンスミルク … 各大さじ1と1/2
好みのベリー … 適量
ミント … 適宜

【 作り方 】

1. 卵は卵黄と卵白に分ける。ボウルに卵黄とグラニュー糖を入れて、もったりしてくるまで泡立てる。

2. 大きめのボウルに卵白を入れてきび砂糖を一度に加え、ハンドミキサーで角が垂れるくらいのメレンゲを作る。

3. 2に1を加えて薄力粉をふるいながら加える。ゴムべらで粉っぽさがなくなってつやが出てくるまで混ぜ合わせる。

4. バターを溶かして、2に回し入れる。底から大きくかき混ぜる。

5. オーブンの天板にオーブンペーパーをしき、4を流し入れる。表面を平らにならして天板の底をたたいて空気を抜く。

6. 200℃のオーブンで焼き色がつくまで10～12分焼く。焼き上がったら粗熱を取り、ひっくり返してオーブンペーパーをはがす。

7. ホイップクリームの材料をボウルに入れて混ぜ、八分立てにする。ホイップクリームの2/3量を6の生地全体に塗り、端から巻く。

8. 冷蔵庫でしっかり冷やしてから切り分けて皿の盛り、残りのホイップクリームと、ベリー、好みでミントを添える。

Kiyomi Kobori

小堀紀代美

profile：料理家。実家は栃木県・宇都宮市にある大きな洋菓子店で小さなころからお菓子にかこまれて育つ。旅行先で出合った味をヒントに作る、異国情緒漂う料理が自慢。東京・富ケ谷に自身のカフェ「LIKE LIKE KITCHEN」を開き、話題となる。現在は自宅にて料理教室を開催中。著書に『フルーツのサラダ＆スイーツ もっとおいしい組み合わせで』(NHK出版)、『2品でパスタ定食』(文化出版局)など多数。

Shiori Setoguchi

瀬戸口しおり

profile：料理研究家。吉祥寺にあった「諸国空想料理店 Kuu Kuu」で、料理家高山なおみさんと出会い、料理の道へ。エスニック料理をはじめ、昔ながらの家庭料理、手軽に作れるお菓子などが得意。ていねいに下ごしらえをし、食材の魅力を最大限にいかしたきどらない味が人気。著書に『家で／つくる／たべる／おやつ』(アノニマス スタジオ)、『わたしの作りおきおかず』(アスペクト)などがある。

Kana Yagi

八木佳奈

profile：フードスタイリスト。短大の栄養学科を卒業後、食品会社へ勤務。働きながらフードコーディネーター養成スクールに通い、現在の道へ。雑誌や書籍での料理制作をはじめ、スタイリングもてがける。二児の母。日々の暮らしの中で生み出した料理は、家族みんなで楽しく食べられる味と評判。著書に『かんたん、おいしい！ スティックおにぎり』(新星出版社)、『魔法のパン』(主婦と生活社)などがある。

Yuki Ishiguro

石黒裕紀

profile：フードコーディネーター。栄養士。短大卒業後、東京食糧栄養専門学校および、赤堀フードコーディネータースクールに通い、アシスタントを経て現在の道へ。どんな食材も旬の料理に変えるセンスのよさや、真似しやすいシンプルなレシピに定評あり。テレビ、雑誌、企業のメニュー開発、広告など幅広く活躍している。

STAFF

調理アシスタント：

夏目陽子、山田千佳子（小堀紀代美）

竹内万貴（瀬戸口しおり）

佐々木のぞ美、あずままちこ（八木佳奈）

田中麻衣子、宮崎祥史（石黒裕紀）

撮影：三村健二

デザイン：髙橋朱里、菅谷真理子（マルサンカク）

スタイリング：池水陽子（PART2、PART3）

校正：校正舎楷の木、森陽子

編集・文：髙田真莉絵

編集協力：結城歩

企画・編集：君島久美（成美堂出版）

大切な人がきっと喜ぶ もてなし&持ちよりレシピ

料　理	小堀紀代美　瀬戸口しおり
	八木佳奈　石黒裕紀
発行者	深見公子
発行所	成美堂出版
	〒162-8445　東京都新宿区新小川町1-7
	電話(03)5206-8151　FAX(03)5206-8159
印　刷	共同印刷株式会社

©SEIBIDO SHUPPAN 2017　PRINTED IN JAPAN
ISBN978-4-415-32414-2
落丁・乱丁などの不良本はお取り替えします
定価はカバーに表示してあります

- 本書および本書の付属物を無断で複写、複製（コピー）、引用する
ことは著作権法上での例外を除き禁じられています。また代行業者
等の第三者に依頼してスキャンやデジタル化することは、たとえ個人
や家庭内の利用であっても一切認められておりません。